谨以此书献给我亲爱的妻子沈若萌女士。

"双循环"新发展格局下
结售汇与银行信贷

刘孟儒　著

中国金融出版社

责任编辑：赵晨子
责任校对：孙　蕊
责任印制：丁淮宾

图书在版编目（CIP）数据

"双循环"新发展格局下结售汇与银行信贷/刘孟儒著 . —北京：中国金融出版社，2022.7
　ISBN 978 - 7 - 5220 - 1599 - 6

Ⅰ.①双…　Ⅱ.①刘…　Ⅲ.①外汇业务—关系—银行—信贷管理—研究—中国　Ⅳ.①F832.63②F832.4

中国版本图书馆 CIP 数据核字（2022）第 060723 号

"双循环"新发展格局下结售汇与银行信贷
"SHUANGXUNHUAN" XIN FAZHAN GEJU XIA JIESHOUHUI YU YINHANG
XINDAI

出版
发行　中国金融出版社

社址　北京市丰台区益泽路 2 号
市场开发部　（010）66024766，63805472，63439533（传真）
网 上 书 店　www. cfph. cn
　　　　　　　（010）66024766，63372837（传真）
读者服务部　（010）66070833，62568380
邮编　100071
经销　新华书店
印刷　北京九州迅驰传媒文化有限公司
尺寸　169 毫米 × 239 毫米
印张　12.75
字数　165 千
版次　2022 年 7 月第 1 版
印次　2022 年 7 月第 1 次印刷
定价　52.00 元
ISBN 978 - 7 - 5220 - 1599 - 6
如出现印装错误本社负责调换　联系电话（010）63263947

序

　　1999 年至 2011 年，中国曾经连续 13 年出现经常账户顺差与非储备性质金融账户顺差并存的双顺差格局。此后，中国经常账户顺差占 GDP 的比率逐渐下降，非储备性质金融账户则在顺差与逆差中不断交替，通过错误与遗漏项的资金净流出规模不容小觑。总体来看，随着外汇储备增量的下降，以及人民币兑美元汇率弹性的增强，外汇占款的规模出现了趋势性的下降。

　　外汇占款的趋势性变动将会影响中国的基础货币投放结构。随着中国国际收支格局的变动，外汇占款在基础货币中的占比到 2021 年已经下降到 60% 左右，较最高峰时期已经减少了接近一半。以短期借贷便利（SLF）、中期借贷便利（MLF）、抵押补充贷款（PSL）、定向中期借贷便利（TMLF）等为代表的人民银行货币政策工具的投放占比则不断提高。这种结构变化增加了人民银行货币政策主动作为的空间，但也同时为提升货币政策的精准性和有效性带来了新的挑战。

　　刘孟儒博士的这部著作聚焦分析银行结售汇对商业银行信贷行为的影响。作为分析的基础，本书首先分析了中国外汇管理体制的发展脉络，并对代表性国家外汇管理体制进行了比较研究。本书的主体部分是第 4、第 5 章的实证研究与第 6 章的理论模拟。

　　第 4 章实证研究分析银行结售汇对商业银行风险承担水平的影响机

制，发现净结汇增加将会相应提高商业银行风险承担水平，且大型银行这一机制要比中小银行更加显著。第5章实证研究分析银行结售汇对企业融资的影响，发现净结汇增加将会提高商业银行的风险偏好，使高风险企业获得更多的银行贷款。由于净结汇增加缓解了企业的融资约束，因此，有助于促进经济增长。不难看出，这两章实证分析的结论之间存在着有机联系。

第6章研究基于对DSGE模型的模拟，得出了外贸萎缩将会通过影响基础货币投放而降低商业银行的风险偏好和放贷意愿，从而加剧经济金融风险的结论。此外，人民币国际化有助于降低外部冲击对商业银行体系的影响，从而有助于维持金融稳定。

基于上述分析，作者提出了四条重要的政策建议：一是将结售汇数据纳入宏观经济与金融稳定的分析框架；二是通过对冲性基础货币投放工具来缓解结售汇冲击对商业银行资产负债表的影响；三是避免商业银行这一行业的过度"头部化"，因为这可能导致资源配置扭曲；四是大力推动人民币国际化。

在笔者看来，本书具有以下主要特色：一是采用了多样的研究方法，沿着从微观到宏观、从供给侧到需求侧、从理论模型到实证分析、从局部均衡到一般均衡的路线图展开研究；二是侧重从商业银行资产负债表角度出发展开研究，对发展具有中国特色的金融中介理论作出了一定贡献；三是对于中国政府如何通过结构性货币政策和监管政策改革来疏通货币政策传导渠道具有一定的启示作用。

当前中国正面临百年未有之大变局，国际环境在疫情冲击与地缘冲突双重挤压下变得格外复杂严峻。国内经济则面临潜在增速下降与系统性金融风险上升的考验。系统构建"双循环"新发展格局则是中国政府未来应对国内外风险挑战的必由之路。随着环境与格局的变动，如何构建具有中国特色的经济学与金融学理论就变得日益重要。刘孟儒博士的这本书反映了他在这个方面的探索与努力。希望他能够再接再厉，不断精进自己的研究，并为富有中国特色的金融理论与实践的发展作出自己的贡献。

中国社科院金融研究所副所长
国际金融与发展实验室副主任
张　明

自　序

近年来，在"逆全球化"趋势抬头和新冠肺炎疫情全球大流行的大背景下，中央提出了加快构建"以国内大循环为主体、国内国际双循环相互促进的新发展格局"的战略部署。要深入理解"双循环"新发展格局，就需要对国内外经济现状建立深刻的认识。外汇是连接国内国外经济的重要节点，因此，研究外汇流动就成为理解国内外经济金融形势的一把"钥匙"。

与美国相比，外汇对中国经济影响的重要性更为突出，一方面，中国的对外贸易占GDP的比重较高，货物贸易占GDP的比重在2019年年末达到32%，远高于美国的20%；另一方面，外汇占款创造的基础货币是人民银行资产负债表的重要组成部分，外汇占款占基础货币的比例最高曾达到122%，①与美联储主要通过国债交易吞吐基础货币有显著差异。然而，我们对外汇流动对经济金融的影响的研究还远远不足，我想这可能是由于美国基于美元的国际货币地位而不需要对外汇加以过多关注，而我们的经济学研究长期跟随、学习美国，②对这一问题的研究有所忽视。

---

① 外汇占款占基础货币比重超过100%的原因在于，当年人民银行为控制过高的流动性水平发行了一部分央票回收基础货币。

② 对此，日本央行前行长白川方明也有所论述。在《动荡时代》（白川方明，2021：181）一书中，白川方明指出："主流经济学界为什么会忽视金融的作用呢？……原因之一是，很多经济学家脑子里只有美国经济，并为此提出经济理论。"

近年来，中国的外汇收支发生了趋势性的改变，经常项目顺差收窄，甚至在个别年份出现逆差，资本项目波动不断加剧。外汇流入变化后，银行和客户的结售汇交易以及人民银行和其他银行的外汇买卖分别影响信贷的收放和基础货币的吞吐，从而对银行的资产负债表造成冲击，继而对银行信贷行为，乃至整个宏观经济产生深远影响。针对这一问题，本书从微观和宏观机制上进行了详细分析，通过构建微观和宏观理论模型、采用微观和宏观数据进行实证检验，探讨了结售汇如何通过改变银行的信贷行为对经济和金融产生影响。

本书的主要研究内容包括：（1）对外汇交易相关的理论文献进行了分类整理，包括金融中介理论、外汇流动与信贷理论以及货币理论等；（2）梳理了新中国成立以来我国外汇管理体制的变迁历程，其中，针对结售汇制度的历史沿革进行了详细研究，此外，还对比分析了日本、法国、泰国和巴西四个国家具有鲜明特色的外汇管理制度；（3）基于银行资产负债表建立了结售汇如何影响银行风险承担水平和信贷投放行为的微观理论模型，采用国家外汇管理局结售汇统计报表中10家银行的结售汇数据及其对应的财务报表数据验证了理论模型预测的结果，即净结汇增加会相应提高银行风险承担水平，且大型银行相对中小银行更为敏感；（4）从金融需求端出发，采用企业的银行贷款融资数据，验证了净结汇的提升会使相应的高风险企业获得更多银行贷款，而体现在宏观经济变量上，采用PVAR模型分析省际数据的结果也表明净结汇增加能够促进经济的增长，且这种增加并非单纯依靠贷款数量的增加，而更可能是通过贷款风险的下沉缓解企业融资约束来拉动；（5）在前述研究的基础上，结合供给侧和需求侧、金融和实体，并引入基础货币和货币元素建立了DSGE模型，分析了外需冲击如何通过影响结售汇从而改变银行的信贷行为及对宏观经济和金融产生影响，并提出使用具有针对性的货币政策工具；（6）在上述一般均衡框架下，定量分析了不同人民币国际化程度下，结售汇冲击对经济发展和金融稳定影响的变化。

针对上述研究结果，本书提出了以下4点政策建议：（1）将结售汇数据纳入宏观经济和金融稳定调控的框架，做深做细对结售汇数据的统计和分析；（2）针对由外需变化引起的结售汇冲击造成的银行资产负债表衰退，可以有针对性地采取对冲性的基础货币投放类货币政策工具修复银行资产负债表，减少由外需冲击造成的实体经济下滑和金融供给收缩的共振，促进经济的平稳恢复；（3）加强金融市场结构治理，采取限制金融供给垄断的措施，防止市场份额过于集中于大型银行而导致低效的金融服务；（4）人民币国际化对于提高金融稳定具有重要意义，我们可以出台更多措施鼓励企业在跨境交易中使用人民币，提高人民币在国际市场上的占有率。

面向未来，随着以"十四五"规划和2035年远景目标为指导的经济社会不断发展，对外开放水平不断提高，我们必然要面临更加复杂的国际国内形势，也必然要面对更加复杂棘手的宏观挑战。希望本书能够抛砖引玉，为金融理论研究者、金融监管决策者和金融机构实践者提供更加丰富的视角来审视未来的开放发展。

本书在写作过程中得到了中国人民银行、清华大学、中国人民大学、国家开发银行、中国银行等单位的专家的帮助和指导，他们包括王鹏、李文喆、陈卓、张际、张福栋、张杰、郭栋、陈卫东、洪浩等。当然，这样的列举难免挂一漏万，也请原谅我难以一一列出他们的名字。同时，也要感谢我的家人给我的支持和体谅，尤其是父母给予我大力的支持，妻子沈若萌在本书的写作过程中还给予我很多有益的建议。

表

引　言

1. 外贸环境及外汇流动变化

近年来，以美国特朗普政府提出的"美国优先"为代表的贸易保护主义和孤立主义在全球盛行，部分西方国家"逆全球化"思潮抬头，国际贸易出现了一定程度的退潮。从世界贸易组织（World Trade Organization，WTO）统计的货物进出口总额的走势（见图 0.1）可以发现，自有统计数据以来，全球货物进出口总额除了在国际金融危机期间有所回调外，基本保持向上的趋势，但最近几年却发生了明显的下调和波动。2020 年以来的全球新冠肺炎疫情大暴发进一步加剧了市场对全球贸易未来走势的担忧。WTO 在 2020 年 4 月发布的全球贸易前景展望中预测，全球商品贸易未来将下降 13% ~ 32%，而在 2021 年能否恢复仍存在相当高的不确定性（WTO，2020）。虽然近期疫苗研发生产情况有较大进展，但随着英国、南非、印度等地出现新的高传染性变异毒株，全球疫情防控前景再度蒙上了一层阴影。[①]

从中国的外贸形势来看，中国进出口总额走势也与全球走势保持基本一致，加入世贸组织的红利使得外贸总额在 21 世纪初呈现指数型增长，但在 2008 年国际金融危机前后和 2016 年美国特朗普政府上台前后先后经历

[①] 参见：Robert Hart. A New Variant Of Covid – 19 Has Emerged In England – Here Is What It Could Mean For The Pandemic And Vaccines. https：//www. forbes. com/sites/roberthart/.

1

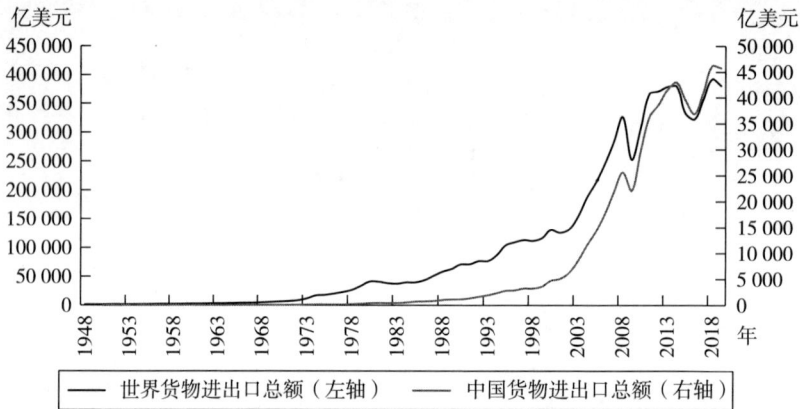

图 0.1 世贸组织世界进出口总额和中国进出口总额走势（1948—2019 年）

了挫折。随着外贸出现波动，特别是在 2014 年美联储逐渐退出量化宽松政策，美国联邦储备委员会（Board of Governors of the Federal Reserve System，2014）确定货币政策逐渐转向正常化后，中国的外汇流动情况发生了较大的变化：一方面，经常项目顺差逐年收窄，通过贸易渠道获得的外汇从 2008 年达到峰值后开始下滑；另一方面，储备资产增长减缓，2015 年、2016 年甚至出现了较大幅度的负增长，银行净结汇收窄，甚至转为净售汇（见图 0.2）。①

造成外汇流入变化的因素比较多，包括国外需求、美元利率、人口结构、储蓄率等。当前，全球经济复苏缓慢、需求疲弱，中美经贸关系紧张短期内仍未有明显改善的趋势，美联储加息预期再次升温，人口老龄化问题仍未有效改善，国内经济恢复基础仍不牢固，居民储蓄下行压力较大，这些对增加外汇流入不利的因素短期内仍不会消散，可以预计，在很长一段时间里外汇很难再回到前几年大量流入的状态。

---

① 在本书中，结售汇差额为结汇金额减去售汇金额，若结果为正值则代表净结汇，若结果为负值则代表净售汇，下同。

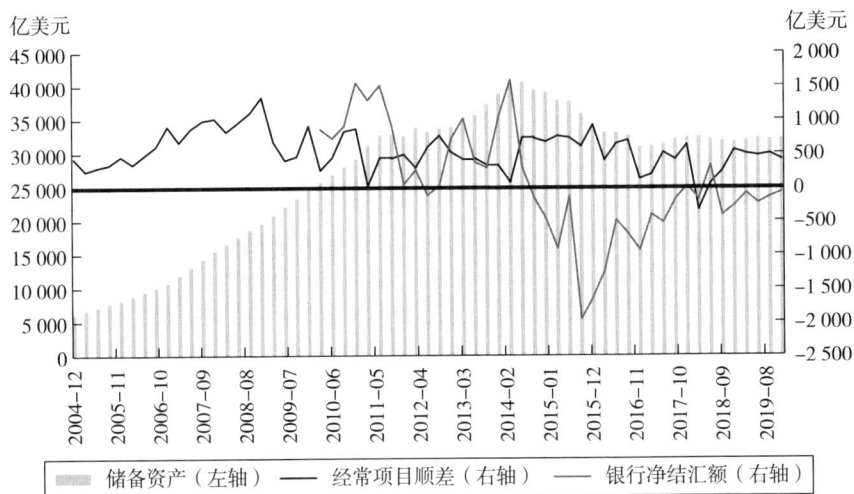

图 0.2　经常项目顺差、储备资产和银行净结汇额比较

2. 外汇与金融形势变化

出口不仅是拉动中国经济的"三驾马车"之一，还是影响中国的金融和实体经济良性循环的重要因素。外汇占款是人民银行投放基础货币的主要渠道之一。从外汇占款占基础货币比重的变化趋势（见图0.3）可以看

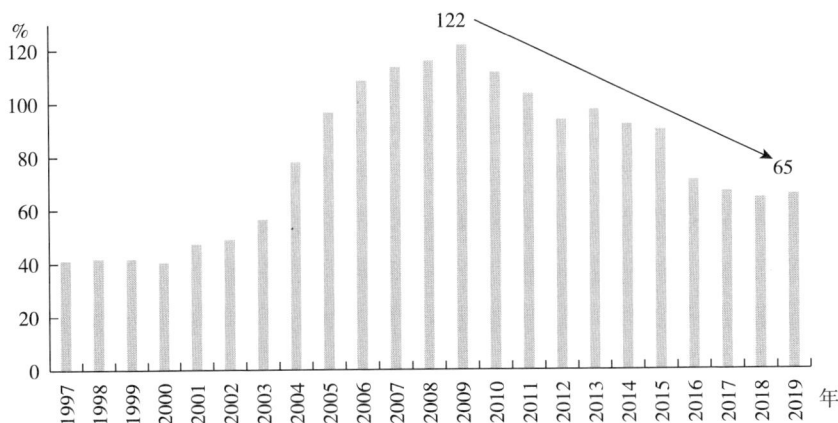

图 0.3　外汇占款占基础货币的比重变化趋势（1997—2019 年）

到，随着外汇流入的趋势性变化，人民银行的基础货币投放渠道也发生了较大的变化，外汇占款占基础货币的比重从 2009 年最高峰的 122%[①]下降到 2019 年年末的 65%。

可以发现，在外汇流入趋缓甚至反转变为流出的同时，全社会的金融环境发生了较大的变化。需要高度关注的是，外汇流出的过程并不是外汇流入的简单镜像过程，外汇流出过程会伴随货币总量增速放缓，导致信用收缩，高杠杆企业出现债务积压（Debt Overhang），并爆发债务危机，加剧低信用等级企业的融资约束，小微、民营企业"融资难、融资贵"问题更加凸显。

3. 货币政策面临新的挑战

外汇流入减少后，经济、金融环境发生了较大变化，以往银行通过结售汇创造货币、人民银行通过外汇交易投放基础货币的模式难以为继。在流动性富余的阶段，人民银行通过发行央票和提高准备金率回收流动性；在流动性紧缺的阶段，通过回收央票并降低准备金率可以一定程度上对冲流动性和信用的收缩，但逆向操作可能难以有效达到逆周期调节的效果。因此，迫切需要调整基础货币投放的途径。

随着货币和基础货币的减少，银行间的流动性收紧，人民银行的货币政策框架也由外汇大量流入时期的流动性充裕操作框架，转变为结构性流动性短缺的货币政策操作框架（孙国峰，2017a）。在结构性流动性短缺的货币政策操作框架下，人民银行需要建立新的货币创造政策工具，鼓励银行重新构建货币创造的渠道，有效减少风险偏好降低导致的信用收缩。这与在流动性充裕时期传统的被动货币政策调控有很大的区别，对人民银行提出了新的挑战。近年来，为了对冲外汇占款渠道的收缩，人民银行创设

---

① 外汇占款占基础货币比重超过 100% 的原因在于，当年人民银行为控制过高的流动性水平发行了一部分央票回收基础货币。

了一系列新型货币政策工具，包括常备借贷便利（Standing Lending Facility，SLF）、中期借贷便利（Medium－term Lending Facility，MLF）、抵押补充贷款（Pledged Supplemental Lending，PSL）、定向中期借贷便利（Targeted Medium－term Lending Facility，TMLF）等，各种新型货币政策工具的情况如表 0.1 所示。

表 0.1　人民银行新创设货币政策工具

工具简称	创设时间	期限长度	简介
SLF	2013 年 1 月	1—3 个月	满足金融机构期限较长的大额流动性需求。对象主要为政策性银行和全国性商业银行，合格抵押品包括高信用评级的债券类资产及优质信贷资产等
PSL	2014 年 4 月	3—5 年	为支持国民经济重点领域、薄弱环节和社会事业发展而提供的期限较长的大额融资。对象主要为开发性金融机构，合格抵押品包括高信用评级的债券资产和优质信贷资产
MLF	2014 年 9 月	3—12 个月	为金融机构提供中期基础货币。对象为符合宏观审慎管理要求的商业银行、政策性银行，可通过招标方式开展。中期借贷便利采取质押方式发放，合格抵押品包括国债、央行票据、政策性金融债、高等级信用债等优质债券等
TMLF	2018 年 12 月	1 年（到期可根据银行需求续做两次，最多可以持续 3 年）	加大对小微企业、民营企业的金融支持力度。对象为支持实体经济力度大、符合宏观审慎要求的大型商业银行、股份制商业银行和大型城市商业银行。其操作利率比 MLF 利率优惠 15 个基点

资料来源：作者根据中国人民银行官方网站（http：//www.pbc.gov.cn/）资料整理。

4. 本书的研究目的

结合上述背景可以发现，外汇和与之相对应的结售汇交易对于中国经济和金融有着举足轻重的作用。随着未来外汇流动趋势的改变，银行结售汇的特点将会发生重大的变化，人民银行的货币政策框架和银行的风险承担行为也将相应调整，并对银行的信贷投放行为乃至整个宏观经济产生深远的影响。因此，及时研究分析结售汇通过风险承担水平影响银行信贷行为的机制并建立相应的理论框架，对于分析结售汇这一深度连接中国和全球经济金融的重要元素，为未来应对结售汇变化带来的挑战储备政策工具，具有重要的理论价值和现实意义。

第1章 文献研究

> 在这门类似研讨课的课程中，我要求学生们阅读宏观经济学发展史上自凯恩斯以来的诸多开创性文献……我发现学生们几乎总是在阅读某篇经典文献时为作者的论述折服，并且直到阅读下一阶段的经典文献时才会意识到前述文献存在的缺陷和盲点。

——米歇尔·德弗洛埃（Michel De Vroey），比利时鲁汶大学荣誉教授

从风险承担能力视角研究结售汇对银行信贷行为乃至整个宏观经济的影响是一个相对比较前沿，同时非常具有中国特色的领域。与其相关的研究却起步较早，这些研究尝试从不同角度解释国际经济、金融要素流动与银行信贷行为的关系。但已有研究仍然存在几个可进一步深入之处：一是目前相关的研究主要采用宏观分析的范式，对微观机制的研究还不够深入，特别是缺乏银行层面的理论机制研究，这会导致宏观研究缺乏足够的微观基础支撑。二是基本忽视了外汇与货币创造的关系。结售汇①的过程必定伴随着货币的创造和消灭，而货币则是经济中非常重要的要素，忽视

---

① "结售汇"是一个具有鲜明中国特色的术语，是在中国改革开放特殊历史条件下提出的一个概念（本书第3章还会对结售汇制度的沿革进行梳理）。实际上，从更一般的意义上来讲，只要涉及与外国主体交易时使用的外汇与本国使用货币之间的交易都是"结售汇"交易，因此，世界各国都存在这样的交易，只不过其他国家并不单独强调这种交易，而是将其作为一种外汇交易（FX trade）加以对待。

了对货币作用的研究就忽视了解释问题的核心要素。三是更偏重局部均衡分析，一般均衡分析不够深入，因此，对结售汇在整个经济体中的作用的分析不够全面，几乎没有做过模型化的一般均衡分析。四是主要从银行角度出发，较少从企业角度出发分析实体经济受外汇流动的影响。

为了更好地描述本书在已有文献基础上的贡献，本章将梳理目前文献的研究脉络：首先，从银行信贷行为的基础理论出发，对金融中介理论的发展进行了总结；其次，重点比较了不同学者关于外汇对银行信贷投放行为影响的研究；最后，对货币理论的最新进展进行梳理。本章的研究正是基于前人大量的研究基础之上，在银行微观机制、企业视角检验和一般均衡分析等方面作出边际贡献（见图1.1）。

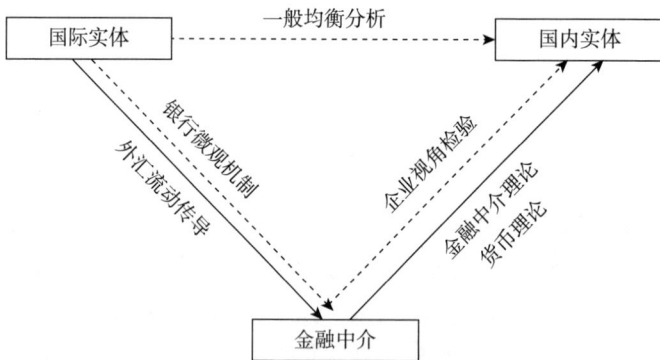

图 1.1　现有文献与相关部门之间的关系及本书的边际贡献①

1.1　金融中介理论

1.1.1　文献回顾

哈维尔·弗雷克斯和让·夏尔·罗歇（Freixas and Rochet，2008）在

_____

① 实线部分为现有文献研究内容，虚线部分为本书的边际贡献。

经济学上将金融中介定义为"专注于买卖金融债权的代理人"。托宾（To-bin，2016）指出，金融中介在金融市场乃至整个经济体系中扮演着重要的角色，包括有组织的金融市场中主要的参与者、提供流动性的做市商、借款人和出借人之间的撮合者、贷款提供者、风险定价者等。相应地，从金融中介的功能中可以看到，其涵盖的机构范围是非常广泛的，包括银行（Bank）、保险（Insurance company）、券商（Broker/Dealer）、投资银行（Investment bank）、信托（Trust）、共同基金（Common fund）、私募股权基金（Private equity）、风险投资基金（Venture capital）、对冲基金（Hedge fund）等。本书的研究重点为银行，而博伊德（Boyd，2018）认为银行也是金融中介理论研究中最为主要的对象。因此，本书的梳理主要聚焦与银行和货币政策传导相关的金融中介理论。

金融中介理论的研究经历了不同的历史阶段。传统经济学模型一般认为，在标准的完备市场假设下，金融中介无效。在经典的阿罗 – 德布鲁（Arrow，1971；Debreu，1959）模型框架下，企业和家庭之间通过市场可以进行良好互动，资源分配是帕累托有效的，金融中介的引入不能增加整体福利，这就自然导致"金融中介无效说"。莫迪利亚尼和米勒（Modigli-ani and Miller，1958）提出的 MM 理论指出，企业的融资结构并不会影响企业的价值。将 MM 理论应用于金融中介领域就会发现，家庭可以通过构建资产组合对冲金融机构持有的头寸，因此，法玛（Fama，1980）认为金融中介的存在没有任何价值。与之相呼应的是以弗里德曼为代表的"货币主义"的兴起，例如，弗里德曼和施瓦茨（Friedman and Schwartz，2008）提出的"货币观点"，即通货膨胀是纯粹的货币现象，中央银行控制着货币供应，银行存在的唯一功能就是作为渠道提供货币，因此，也不存在所谓的"中介功能"。

但是"金融中介无用论"存在许多与现实不相符的地方，比如，没有考虑信贷对跨期效用函数的作用、对金融中介在金融市场中起到的作用描述不清晰、无法很好地解释包括"大萧条"在内的由金融危机引发的经济危机等。实际上，早在"大萧条"之前，费希尔（Fisher，1930）就发现，在缺乏外部交易的假设下（缺乏金融中介），家庭在选择其消费以最大化其跨期效用函数时，会使自身效用的边际替代率（Marginal Rate of Substitution in Utility）与生产的边际生产转换率（Marginal Rate of Transformation in Production）在任意两期之间相等。因此，金融中介的存在提供了不同家庭之间的所谓"资源禀赋"（Endowments）的交换，通过引入消费信贷，从而改变上述 Fisher 模型中的消费和储蓄变化路径，最终可以实现帕累托优化（Tobin，2016）。格莉和肖（Gurley and Shaw，1956）、本西文加和史密斯（Bencivenga and Smith，1991）则指出，金融中介提高了将居民储蓄转化为投资的效率。麦金农（McKinnon，1973）发现，金融中介的发展甚至领先于金融市场本身的发展。伯南克（Bernanke，1983）详细分析了"大萧条"中货币和金融要素所起的作用，提出了与"货币观点"不同的"金融观点"，并认为金融中介功能的丧失是"大萧条"的重要成因。[①]

从 20 世纪 60 年代开始，学者们开始意识到金融中介并非纯粹的提供货币的一种工具，而是扮演着资源跨期分配的角色，与宏观经济有着紧密的联系，其重要性越来越被学者们关注，金融中介的研究也越来越得到重视。其中，交易成本和信息不对称是重点研究的内容。格莉和肖（Gurley and Shaw，1960）研究了金融中介的交易成本问题，例如，银行投资时能够将资产评估的固定成本进行分摊，因而，其在成本上会比个人投资者更有优势。后续的研究者也跟进做了许多相关的研究，例如，本斯顿和史密斯（Benston and Smith，1976）、默顿（Merton，1995）等。对于金融中介信息不对称的研究也发展较快。利兰和派尔（Leland and Pyle，1977）发现金融中介基于其自身独有的信息，可以通过释放信号，在一定程度上解决金融市场信息不对称的问题。戴蒙德（Diamond，1984）则认为，银行通过行使代理监督（Delegated monitoring）的职能可以减少投资者和企业

---

① 当然，这种观点也成了伯南克执掌美联储后应对 2008 年"次贷危机"时执行的"量化宽松"政策的重要理论基础。

之间的信息不对称。盖尔和赫尔维格（Gale and Hellwig，1985）、博伊德和普雷斯科特（Boyd and Prescott，1986）等也对信息不对称问题进行了跟进研究。总之，交易成本和信息不对称在很长一段时间内是金融中介理论研究的重点。但也有学者认为，这方面的研究还远远不够，例如，艾伦（Allen，2001）指出，金融中介的信息不对称导致的交易成本、委托代理、道德风险等问题在当前研究中的受重视程度还远不及一般企业。当然，针对这些研究，钱特（Chant，1992）、巴塔查里亚和塔科尔（Bhattacharya and Thakor，1993）、艾伦和桑托莫罗（Allen and Santomero，1997）、张杰（2001）等人都做了很好的综述。

近年来，对金融中介的研究则更偏重于金融中介信用创造行为机制及其对宏观经济的影响，包括金融中介如何传导货币政策。与"货币中介无用说"类似，传统金融中介理论仍然低估了金融中介的作用，认为金融中介可以"自动"地对通胀率、产出缺口等变量作出反应，传导中央银行的货币政策，即所谓的"被动管理视角"（郭杰和王闻达，2018），其具体的作用途径包括银行借贷渠道和资产负债表渠道。从银行借贷渠道来看，银行的信贷行为将储蓄转换为投资，从而影响实体经济增长。卡希亚普等人（Kashyap et al.，1993）采用商业票据数据来研究信贷投放变化究竟是由供给还是需求决定的，并发现中央银行收紧货币政策会导致银行信贷供给的减少。虽然奥林纳和鲁德布希（Oliner and Rudebusch，1996）对此提出质疑，但卡希亚普等（Kashyap et al.，1996）很快进行了回应，进一步确认了信贷渠道的存在。基尚和奥皮埃拉（Kishan and Opiela，2000）分析了不同规模和资本充足率的银行信贷行为对货币政策的反应情况，并发现不同资本充足率的小型银行相较大型银行对货币政策的传导效率更高。尼尔森（Nilsen，2002）则通过商业信用[①]数据，验证了货币政策收紧确实会使得企业融资减少，其原因并非由于企业的融资需求减少，而是由于银行的信贷供给收紧了。从资产负债表渠道的研究来看，伯南克和格特勒

---

① 如会计报表上的"应付账款"科目。

（Bernanke and Gertler，1989，1995）较早提出了在货币渠道之外，借款人的资产负债表也会影响银行的信贷行为：当经济处于扩张期时，企业的净资产（Net worth）会增加，并相应降低代理成本，从而增加银行放贷并刺激投资，使得经济进一步走向过热；在经济处于下行周期时，相反的过程则会发生。清泷信宏和摩尔（Kiyotaki and Moore，1997）在模型中引入可用于抵押的资产，发现企业持有资产价格的波动也会通过影响抵押品价值来影响银行的信贷投放，对宏观经济产生溢出效应，二者相互加强，加剧了宏观经济的波动。洛伦佐尼（Lorenzoni，2008）则发现，当经济处于扩张期时，厂商的资产负债表改善，通过抵押渠道可以融入更多的资金，而反之，当经济处于收缩期时，厂商的资产负债表恶化，可通过抵押融入的资金减少，这就会产生顺周期强化的效果。伯南克等（Bernanke et al.，1999）在上述研究的基础上，进一步将资产负债表渠道发展为"金融加速器"（Financial Accelerator）模型，并成为后续宏观经济研究的重要基准模型之一。

国际金融危机爆发后，欧美国家启动了以量化宽松（Quantitative Easing，QE）为代表的非常规货币政策。布林德（Blinder，2010）指出，QE政策出台后，以房地产、债券、股票等为代表的资产价格得到稳固，但同时却出现流动性在银行间泛滥而实体贷款投放仍然不足的情况。这就无法用传统的银行借贷渠道或资产负债渠道进行解释。在这一背景下，金融中介的理论有了进一步创新。博里奥和朱海滨（Borio and Zhu，2012）提出了风险承担渠道传导的概念，即货币政策、监管政策会改变银行的风险承担水平，从而影响其信贷投放，特别是国际金融危机后强资本监管进一步加强了风险承担渠道的作用。阿德里安和申炫松（Adrian and Shin，2009，2010）以期限利差扩大会增加商业银行的资产扩张为例，分析了风险承担渠道的作用机制。戴尔·阿里西亚等（Dell'Ariccia et al.，2010）的研究进一步证明了银行的资本结构会影响其信贷端的风险偏好选择，继而影响信贷投放选择。布鲁诺和申炫松（Bruno and Shin，2015）还将风险承担渠道扩展到开放经济环境下，分析了跨境资本流动如何通过风险承担渠道传导到银行，改变其信贷选择，从而对经济产生影响。国内一些学者也对风险承担渠道进行了相应的检验，例如，张雪兰和何德旭（2012）通过实证方法验证了货币政策立场显著影响银行风险承担水平；徐明东和陈学彬（2012）的研究发现，人民银行货币政策可以通过三种机制影响银行的风险承担水平。

1.1.2　总结和评述

金融中介理论的内涵十分丰富，近年来越来越受到学术界的重视。因此，近几年对金融中介的研究也呈现增长的趋势（见图 1.2）。

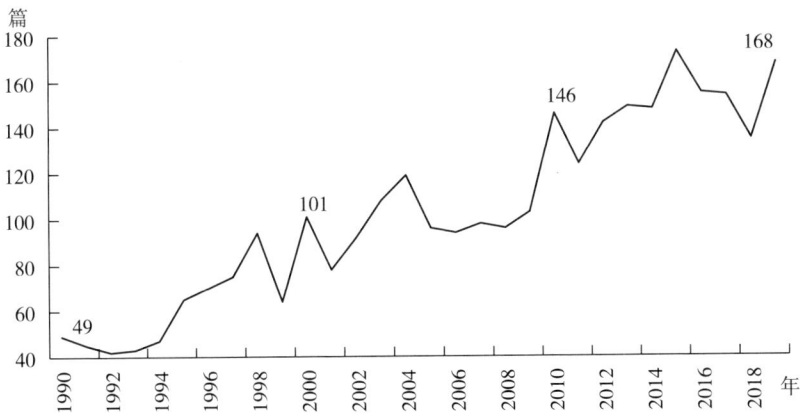

图 1.2　金融中介相关文献数量走势①

从金融中介理论的发展脉络可以发现，金融中介的重要性是逐渐被认识到的。在古典经济学的假设下，资金的需求方和供给方可以通过自由市场进行有效对接，金融中介在其中并不起作用，这就是所谓的"金融中介无效说"。但由于信息不对称的存在，资金的供给方和需求方在自由市场

---

① 统计方法为使用 Google Scholar 搜索关键词"financial intermedi＊"，根据搜索得到的结果逐年统计得到，图中标注的数据分别为 1990 年、2000 年、2010 年和 2019 年的数据。

有效对接的假设与现实相去甚远。例如，Tobin（2016）指出的，银行在降低交易成本、解决信息不对称问题上有着天然的优势。因此，人们不再假设银行仅仅是提供货币存储和出借服务的工具，对其复杂性的刻画也越来越深入。

随着金融的不断深化发展，银行对宏观经济的作用也越来越重要。学者们对金融中介的研究也不再局限于交易成本和信息不对称等微观问题，而是进一步拓展到了其对金融稳定的影响。例如，戴蒙德和戴维希（Diamond and Dybvig，1983）对银行挤兑的研究指出，银行具有天然的不稳定性，储户基于自身获得的风险信息采取的行动可能会导致集体踩踏并造成挤兑，这对实体经济也会造成伤害，而存款保险制度则有利于降低挤兑的风险。银行借贷渠道、资产负债表渠道、风险承担渠道先后被提出，并被学者们从理论和实证上进行了深入探讨。更进一步，随着现代中央银行制度的建立，中央银行的货币政策会如何影响银行的信贷行为，也成为金融中介理论的研究内容。随着全球央行在国际金融危机后推出一轮又一轮的非常规货币政策，货币政策取向对金融中介的影响越来越明显，其开始被纳入分析金融中介及其影响的框架中。

现有文献的不足主要表现为对金融中介影响宏观经济的机制没有进行深入的描述。银行经营的核心是资产负债表管理，银行通过摆布资产方的信贷组合、证券投资组合、同业拆放等和负债方的客户存款、发行债券、同业存款和央行借款等实现自身利润的最大化。因此，银行资产负债表的变化是银行信贷行为改变的关键因素。当然，造成银行资产负债表变化的因素很多，既有货币政策的影响，也有其他经济因素的变化，还包括本书重点研究的结售汇对银行资产负债表的作用。实际上，一些研究者，例如，巴伦等（Baron et al.，2021）在最近的研究中已经开始着手分析银行资产负债表衰退与银行信贷萎缩之间的关系。而这些研究目前仍在进行中，还远未达到成熟的程度。

本书另辟蹊径，选择长期被美国主流经济学界忽略但对中国意义非常重要的结售汇对银行资产负债表的影响入手，分析了结售汇如何通过改变银行的风险承担水平从而对银行信贷行为产生影响，以期对金融中介理论贡献中国经验和中国视角。这也符合当前金融中介理论前沿研究的趋势和方向。

1.2　外汇流动与银行信贷关系

1.2.1　文献回顾

自李嘉图（Ricardo，1891）提出"比较优势"理论以来，国际贸易蓬勃发展，全球商品和服务市场的国际化程度不断提升。除了包含商品和服务贸易的经常项目，资本项目的国际化水平也在提高，跨境资本流动也越发频繁。罗格夫和奥布斯菲尔德（Rogoff and Obstfeld，1996）指出，金融产品的跨境交易对全球经济发展有诸多益处，但 1997 年亚洲金融危机的爆发为资本项目的开放提出了新的挑战。在反思亚洲金融危机的基础上，奥布斯菲尔德（Obstfeld，1998）通过进一步对文献进行梳理和比较后发现，尽管存在一些缺陷，资本项目的国际化水平提升对全球经济是利大于弊的，全球金融市场国际化和一体化的趋势是不可阻挡的。

随着贸易和投资全球化水平的不断提升，外汇流动对本国经济和金融的外溢性影响也越来越明显，特别是外汇流动与银行信贷、货币政策的关系受到研究者们高度关注，这方面的理论研究也起步较早。蒙代尔（Mundell，1960）和弗莱明（Fleming，1962）早在 20 世纪 60 年代就提出了"不可能三角"理论，对外汇流动与货币政策的关系进行了充分阐述，指出货币政策独立性、资本自由流动和汇率稳定三者只能满足其二。[①] 可以说，"不可能三角"理论的提出，为后来学者研究外汇与银行信贷之间的

---

① 虽然 Mundell 和 Fleming 是"不可能三角"理论的奠基人，但二人均没有在当时的文章中明确提出"不可能三角（impossible trinity）"或者"三元悖论（trilemma）"。

关系奠定了理论基础，学者们在后续的研究中，在"不可能三角"的基础上进行了进一步拓展。易纲和汤弦（2001）指出，在"不可能三角"的三个要素选择中不一定只能采用"三选其二"的角点解，也可以是三个要素各取一部分，货币政策进行一定程度的国际协调、部分放开资本管制和汇率的有限浮动，即所谓的"非角点解"。雷伊（Rey，2015）则提出在国际金融周期大背景下的"二元悖论"，即在全球金融联系越发紧密、资金流动越发频繁的情况下，即使汇率自由浮动，资本自由流动和货币政策独立性也只能二选一。伍戈和陆简（2016）对"二元悖论"的深层次机制进行了进一步阐释，指出金融一体化背景下恐慌情绪的全球传染导致全球风险溢价的同步变动，削弱了利差对汇率的调节作用，从而导致实行浮动汇率的国家货币政策的有效性降低，并预测随着全球金融市场的进一步整合，"三元悖论"向"二元悖论"的退化将成为常态。孙国峰和李文喆（Sun and Li，2017）调和了"三元悖论"和"二元悖论"之间的差异，进一步将"不可能三角"拓展为"不等边不可能三角"，指出"不可能三角"中的三个要素的权重并不是相同的，资本管制的重要性高于其他两个因素的重要性，因此，对于发展中国家而言，即使实现了汇率自由浮动，为保持货币政策的相对独立，也应采取一定程度的跨境宏观审慎管理，这也是近年来人民银行跨境宏观审慎管理的理论基础。

也有学者认为，外汇流动可以通过直接影响银行的资产负债表而影响银行信贷行为，并提出了相应的作用机制和实证证据。布鲁诺和申炫松（Bruno and Shin，2015）认为，跨境资本流动能够影响银行信贷风险偏好并改变银行信贷行为，其核心是外汇与本币的交易会影响银行杠杆率，改变银行信贷投放的偏好。塞托雷利和戈德伯格（Cetorelli and Goldberg，2012）则发现，总部在美国的银行在流动性紧缺时，会通过境外分支机构融入离岸美元供在岸使用，这会造成离岸金融市场美元短缺并引起信贷收缩，他们的研究同时也解释了离岸市场的流动性会受到在岸市场流动性的影响，对离岸金融市场和货币政策产生影响。克鲁格曼（Krugman，1999）

通过研究发现，频繁的跨境资本流动和外汇交易会增加货币供应，影响资产负债表和实际汇率变动，从而改变银行的信贷行为。张明（2007）通过比较世界各国的货币、GDP 等金融、经济指标发现，东亚国家外汇大量流入后的流动性过剩为银行信贷提供了支撑，造成银行信贷泡沫，积累了较大的金融风险。

在此基础上，学者对跨境资金流动对新兴市场国家经济金融的影响做了重点分析。卡尔沃等（Calvo et al.，1993，1996）对拉丁美洲的跨境资本流动情况进行了分析，并指出，跨境资本流动既与本国经济基本面相关，也与美国和全球的经济、金融因素有关，实际上揭示了大国货币政策对其他国家的溢出效应（Spillover effect）。伊瓦西纳等（Ivashina et al.，2015）的研究发现，新兴市场国家中使用非本币的银行，其自身信用水平也会影响其不同币种的投融资能力，并导致银行有不同的风险偏好。奥布斯菲尔德（Obstfeld，2015）对新兴市场国家受主要经济体货币政策影响的三条途径进行了总结：一是利率渠道。利差驱动的跨境资金流动导致货币政策的溢出。二是金融周期渠道。主要经济体国家银行信用的扩张和收缩影响新兴市场国家的金融活动，例如，主要经济体信用利差的收窄会传导至新兴市场国家，导致新兴市场国家债务增长。三是外币融资渠道。新兴市场国家有大量的离岸非本币融资（主要为美元、欧元、日元等），这些融资易受外国货币政策的影响。[①]

1.2.2　总结和评述

基于全球经济和金融一体化程度越来越高的现实，一国的宏观经济受国外因素的影响越来越大。针对像中国这样的新兴市场国家，一方面，国际货币的流动既会通过经常项目也会通过资本项目对本国银行的资产负债表产生直接影响；另一方面，主要经济体的货币政策也会产生外溢效应，

---

① 比如，土耳其、阿根廷、南非等国家于 2018 年经历的新兴市场国家货币危机就源于其过高的外债比例以及美国货币政策的收紧。

而本国央行也会基于提升本国福利的考虑，在货币政策操作框架中考虑与其他经济体的货币政策协调（孙国峰等人，2017），从而间接影响银行的信贷。有些时候，上述两方面的影响会相互交织、相互加强。

目前的文献研究从不同的角度对外汇流动对银行资产负债表的冲击机制和效果进行了理论和实证的分析：有的构建了相应的理论模型，并对外汇流动影响银行信贷的作用机制做了详细分析；有的收集了相关的数据，做了比较丰富翔实的实证分析；有的对不同国家的情况进行了比较，总结出了相应的规律。这些研究对于揭示外汇流动和银行信贷产生联系的机制有很大的作用，但目前的文献仍存在诸多不足。

一是几乎没有文献将外汇流动对银行资产负债表的冲击与货币创造过程联系起来，导致相关分析始终未能深入本质。目前的货币理论①对货币的创造、流通和消灭过程进行了详细的描述，而银行的外汇交易过程也会伴随货币创造（孙国峰，2019a；孔令闻，2020），而菲利普斯（Phillips，1958）认为，货币是影响经济运行的关键要素。如果在分析外汇影响的过程中，针对货币的分析始终缺位，那无疑是忽略了一个重要的影响因素，对于深入研究外汇流动与宏观经济运行的本质是不利的。

二是目前的研究在宏观和微观上存在脱节。现有文献主要从宏观上进行分析：有的采用了马歇尔范式，有的则采用了瓦尔拉斯范式（德弗洛埃，2019）；有的采用理论建模，有的偏重实证分析。但这些研究整体偏重宏观叙事，对银行层面的微观机制着墨不多，即使有极少数研究从银行层面进行了分析，其对机制的研究也并不充分，并没有涉及外汇流动如何影响银行资产负债表的分析。这就会导致相关论证过程逻辑环节的缺失。

三是缺乏对要素重要性的区分研究。对以中国为代表的东亚经济体而言，其对外贸易在经济中的占比高，吸引的资本项目流入多，国内有相对完善的内资银行体系，因此，外汇流动过程对经济的扰动程度更高。相对于外资银行抽走离岸流动性的这类操作的影响而言，经常项目和资本项目

---

① 下文还会对"货币理论"进行详细梳理，此处暂不展开。

本身的变动对外汇流动以及银行外汇交易的重要性更大，对宏观经济的影响更深，而文献对这一部分却鲜有涉及。

本书采用了从微观到宏观、微观和宏观相结合的分析范式，并引入货币因素，首先用局部均衡的方法分析了银行行为受外汇流动变化影响的微观机制；在此基础上，将局部均衡研究的结论应用于一般均衡，将微观机制巧妙嵌入宏观模型中，从而加强了微观和宏观的联系，使宏观分析的结论具有更加坚实的微观基础。

1.3　货币理论

1.3.1　文献回顾

货币的发展经历了私人信用货币、政府信用货币和银行信用货币三个阶段（孙国峰，2019b）。在私人信用货币时代，人们通过转让私人保有的记账凭证进行交易，这些记账凭证形式多样，例如，西尔弗（Silver，1983）发现，苏美尔文明曾使用神庙中的石板；古普塔（2018）发现，古印度文明曾使用带有铭文的银块；克兰奇（Clanchy，2012）发现，古英格兰文明曾使用折断的树枝等。在私人信用货币阶段，由于债务的"对私性"，私人信用货币注定只能在小范围内流通而缺乏"对世性"，私人信用货币体系注定将被更具有普遍性的货币体系替代。随着国家和政府的建立，国家和政府因被赋予了征税权而自然成为"最终债权人"，因此，政府信用货币开始取代私人信用货币，货币的流通范围也从区域扩展到国家治理辐射的范围内。最为典型的政府信用货币代表就是铸币，以中国为例，秦始皇灭六国统一秦制后，货币也相应统一为"秦半两"（陈忠海，2018）。当然，政府信用货币也未必一定就是金属铸币形式，例如，中国元代中统元年就出现了由政府官方印制的"中统元宝大钞"，距今已有约 760 年（王文成，2020）。政府信用货币相对私人信用货币是更大的进步，但其仍然具有以下缺陷：一方面，由于经济社会的迅速发展，以政府税收作为债权债务关系发行货币的方式已经不再适应市场对货币需求的快速增长；另一方面，政府有超发货币以解决自身财政问题的冲动，政府不加节制地滥发信用货币会产生一系列的严重后果，例如法国18世纪爆发的货币危机就导致政府信用破产，进一步导致经济社会发生剧烈动荡（特维德，2012）。随着经济的快速发展，企业的数量和规模也开始大幅增加，政府信用货币发行已经不能跟上企业发展的速度。随着企业逐渐成为借贷主体，银行通过贷款创造货币组织生产，并通过负债向社会提供货币的模式逐渐成为世界各国的主流，银行信用货币开始替代政府信用货币。由于货币的存续必须保持相当稳定才能得到使用主体的信任，那么商业银行的存续也应当较普通企业更为稳定，而中央银行则为商业银行提供了其生存必需的流动性支持。正如上田贤一和莫罗（Ueda and Mauro，2013）的研究指出的，这种流动性支持也可以被视为提供了一种隐性的政府担保补贴。随着现代商业银行和现代中央银行系统的建立，现代货币体系已经基本形成。当然，随着以比特币（Bitcoin）、天秤币（Libra）为代表的去中心化数字货币[①]的出现，货币体系也在发生新的改变。与银行信用货币的产生机制是基于借贷关系的共识不同，数字货币的产生是基于所谓的"算法共识"，即得到基于大量算力的相互认证后，通过区块链技术将共识按照时间顺序进行公告，继而确认债权债务关系和货币持有主体的转移。这类货币的性质如何界定还存在争议。但从货币创造主体的角度出发，目前以Libra为代表的基于多种货币、100%准备金体系的数字货币仍然属于银行信用货币范畴，而随着其逐步转变为部分准备金并可以发放贷款，未来可能会演化成为一种新的私人信用货币体系（孙国峰，2019c）。当然，目前来看，数字货币

---

① 需要区分的是，各国央行发行的数字货币尽管也具有数字货币的一些技术共性，但仍然属于银行信用货币的范畴，例如，中国人民银行就明确将人民币数字货币定位为流通中的现金（范一飞，2020）。在这里主要讨论的是非官方数字货币，包括比特币、莱特币、以太坊、天秤币等。

还远未成为货币体系的主流，其对经济和金融体系的影响还不明显。

　　基于对货币体系发展历史的梳理，我们可以发现，货币理论的发展是与货币体系的发展相适应的。在私人信用货币阶段，还不存在现代银行。进入政府信用货币阶段后，现代银行才开始出现，并承担了存贷款、支付、兑换等现代金融职能。波尔（Pohl，1994）指出，英格兰地区早期的银行就是由金匠（Goldsmith）演变而来，并在工商业发达的地区提供金币的存储和借贷服务。随着部分准备金制度的建立和银行券①的发行，现代银行的放贷额度不再局限于其本身吸收的存款，银行有了创造货币的能力。例如，清代山西票号就开始发行被称作"银票"的存款凭证，由于山西票号良好的信誉和其便于携带和交易的优势，这类"银票"已经被用于商人之间的交易，这就使得票号实际上拥有了创造货币的特权（卫聚贤，2008）。② 总之，进入银行信用货币时代后，非银行私人部门持有的信用货币都是由银行创造的，而现代金融体系就是建立在信用货币制度基础上的。货币本质上是银行和实体经济个体之间的债权债务关系。因此，从根本上来说，货币是信贷的"影子"，二者相伴相生，发放贷款的过程实际上也是创造货币的过程，这个过程是银行与客户之间的债权债务交换。故而应从"信用"及银行会计复式记账的角度来观察和理解货币创造的原理、规律和机制，并基于此来研究相关的政策问题。

　　贷款创造存款理论（Loan creates deposit，LCD）的核心观点是银行通过资产扩张创造存款货币。需要说明的是，LCD 理论中的"贷款"并非单纯指字面意义上的贷款，其内涵包括银行的所有资产业务，包括贷款、债

---

　　① 银行券的本质是银行发行的信用凭证，此凭证等同于货币，可以用于交易支付。不同的地区对银行券的称呼不同，例如，在英国一般被称为"Banknotes"，在中国清代，山西的票号则被称作"银票"。

　　② 对此，卫聚贤的著作中（2008）有详细记载："观各家票号，原来资本并不丰裕，而当时定期存款为多，定期存款，始有利息；活期存款虽可随时取款，但等于不提现，因山西商人向重信用，各处与之存款往来者都相信得过；而且所用银两，不是平色上吃亏，即是携带不便，乃将存款换得一存款条，在他处交易，以存款条付给，他人就可作为现金收付。是票号出了汇票，形同发行纸币，票号无形中得到这一笔帮助，对于资本运用上，自然灵动。"

券投资、外汇交易等。LCD 理论由孙国峰（1996，2001）提出并阐述。实体经济中个体持有的货币，尽管来源可能多种多样，但归根到底来自银行的资产业务①。正是基于现代货币体系由银行信用货币主导的事实，LCD 理论打破了固有理论的藩篱，从逻辑的原点出发，指出货币的核心功能不是交易媒介和价值贮藏手段，而是组织生产；货币的本质也不是一般等价物，而是作为无限跨期价值尺度的一般性债务（孙国峰，2019b）。LCD 理论从货币创造的视角出发分析了货币的演进历史，颠覆了传统货币史的理论观点，提出信用货币是历史上货币的主要存在形式，货币演进的历史进程是从私人信用货币，到政府信用货币，再到银行信用货币。LCD 从新的视角解释了货币的本质以及银行的货币创造行为，可以有力地解释货币政策实践中遇到的各种问题，包括存差（孙国峰，2002）、人民币国际化路径选择（孙国峰，2014，2017b）、人民币均衡汇率（孙国峰和孙碧波，2013）、影子银行（孙国峰和贾君怡，2015）、货币政策传导（孙国峰和段志明，2017）、非常规货币政策（孙国峰和何小贝，2017）、外汇与货币政策（Sun and Li，2017）、银行会计治理（孙国峰，2018）等在中国金融实践中面临的各种实际问题，展现出了强大的理论解释力。对此，孙国峰（2019a）结合中国的货币政策实践梳理了 LCD 理论在中国的应用和发展实践。

国外学者也开始意识到银行信用货币时代的货币与银行信用创造之间的密切关系。莱恩·柯林斯等（Ryan – Collins et al.，2014）基于英国的货币银行实践指出，货币以三种形式存在：一是纸币和硬币，二是存放在中央银行的准备金，三是银行通过发放贷款、从私人部门购买资产或支付自身费用时创造的货币，而后两种主要以电子形式存在，商业银行能够创造货币的能力对现代经济运行和金融稳定有重要影响。麦克莱伊（McLeay et al.，2014a，2014b）通过研究发现，银行并不单纯承担传统金融中介职

---

① 其中需要特别关注的是实体经济主体持有的现金，虽然形式上表现为对央行的资产，但现金的转换必然源自存款，因此，其最终来源仍然是银行的资产业务。

能，也不是通过出借储户"存入"的存款进行放贷，当然也不是利用所谓的"放大"功能将央行的准备金按照一定的倍数将贷款发放出去，货币的本质是一种银行发放的欠条（IOU），只不过由于经济体中的各个主体都对其加以承认，所以，其可以用于购买商品和服务。雅加布和昆霍夫（Jakab and Kumhof，2015）也指出传统模型中的"以存放贷"与现实明显不符，并采用"贷款创造存款"的模式构建了 DSGE 模型，该模型的结论显示银行信贷的影响比传统模型结论的影响要更大、更快、更明显，这也与现实中的银行信贷对经济的巨大作用是相符的。李伯尧等（Li et al.，2017）从 LCD 理论的视角分析了流动性覆盖率（Liquidity Coverage Ratio，LCR）监管指标对宏观经济的影响。沃纳（Werner，2014）则实证检验了 LCD 理论，其实证方法也别出心裁：研究者向德国一家小型银行实际借款 20 万欧元，并观察和记录借款后银行所有的会计、系统和业务流程，结果充分验证了贷款创造存款的确与实际情况相符。

1.3.2　总结和评述

在 LCD 理论提出之初，由于其对传统理论的颠覆，面临很多争议。国内外经典的货币银行学观点，如黄达（2000）、米什金（Mishkin，2019）等认为，将一部分存款用于放贷，另一部分除用于缴纳法定准备金后，剩余部分就是银行的超额准备金。由于相关教科书的广泛使用，导致在相当长的时间内，人们始终将存款视为一种资源和贷款的约束前提，银行的信贷计划也长期采用"以存定贷"的方式。但这种理论存在天然的缺陷，也无法解释现实中的很多问题。贷款是银行的资产，存款是银行的负债，通过减少存款的方式增加贷款是无法实现资产负债表平衡的，这在理论上无法自洽。而在现实货币银行学实践中，我们观察到了很多的现象，例如欧美银行的贷存比一般均超过 100%，这同样无法用"先存后贷"解释。后续也有学者提出了所谓的"中间路线"，例如 Gurley and Shaw（1960）指出可将货币分为"外生货币"和"内生货币"两种："外生货币"对应政府购买商品、劳务以及在转移支付中产生的货币;"内生货币"则对应私人部门经济活动的债务而产生的货币。两种货币中,只有内生货币是由银行贷款产生,而外生货币则随着政府的成立而天然就已经存在,即所谓的"原始存款"。但这种观点实际上将基础货币和货币混为一谈,仍然无法对现实的货币现象作出合理的解释。

正是由于理论和现实的困境,传统货币银行学的一些观点越来越站不住脚,LCD 理论也逐渐被学术界和实务界接受,成为分析银行运行和宏观经济的重要工具和方法论,也成为政策制定的理论基础。2015 年 8 月,全国人大常委会对《商业银行法》进行修正,正式取消贷存比不得超过 75% 的规定。实际上,中国的贷存比能长期维持在低于 75% 的水平并不是因为部分存款被放贷,而是中国有大量的外汇流入,商业银行购入外汇不增加贷款但会增加存款,这导致贷存比指标能够维持。随着中国外汇流入的减少,银行贷存比也逐渐走高。截至 2020 年年末,银行的人民币贷存比已经达到 81%。将贷存比和结售汇进行比较,可看到二者有较强的相关性(见图 1.3)。

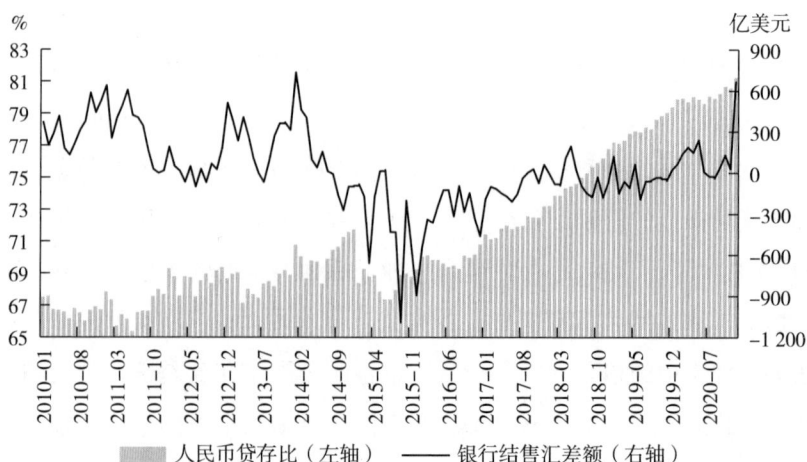

图 1.3　金融机构贷存比及结售汇差额走势

当前文献中的宏观模型一般仍采用传统货币银行理论范式进行分析,这就会导致无论理论还是实证分析的结果均与现实情况不符,也无法解释和分析现象背后的深层次原因，自然也不能提出有针对性的政策建议。而采用 LCD 理论的分析框架后，很多问题都能迎刃而解。近年来，已有不少研究者采用 LCD 理论对宏观经济（孔令闻，2020）、资产定价（刘孟儒和沈若萌，2019）、银行管理实践（刘卫军和纪晓峰，2018）等问题进行研究并取得了良好的成果。

第2章 中国外汇管理体制的历史发展脉络

中美建交这40年，也是中国改革开放的40年，中国经济发展非常快，这是一个了不起的成绩，这个成绩跟中国推进渐进式改革，并且充分利用中国的比较优势及后来者优势有关。

——林毅夫，知名经济学家

中国的外汇管理体制变迁大体与中国对外交往和对外开放的步调保持一致，也与中国的外汇储备变化有着密切的联系。为了更好地梳理中国外汇管理体制的变迁，本章首先将外汇储备的变化情况（见图2.1）与外汇

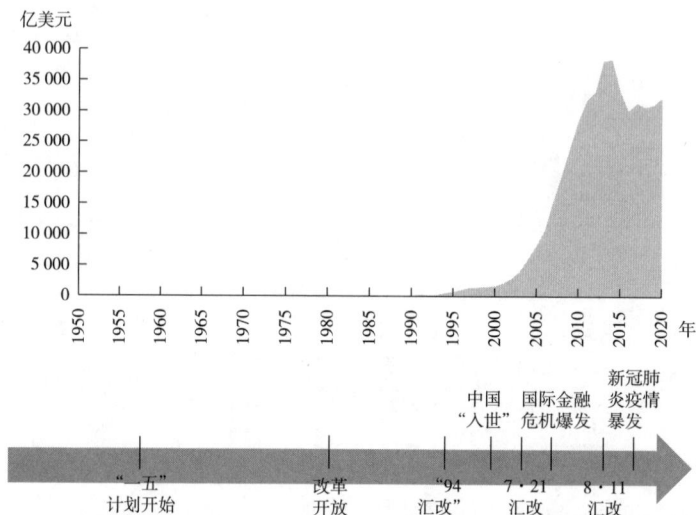

图 2.1　1950—2020 年中国外汇储备变化情况及重大事件

管理体制改革的进程进行关联比较，以更好地厘清外汇管理体制变更及其宏观背景。下文将结合外汇储备的变化情况，参考国家外汇管理局官方网站给出的阶段划分，[①] 将新中国成立后的外汇管理体制变迁划分为五个不同阶段。

2.1 新中国成立后到改革开放前（1949—1977 年）

新中国成立之初，中国的对外贸易额较低且主要贸易对手集中在苏联等社会主义国家，外汇储备也极度短缺。在这样的大背景下，此时的外汇管理实行"集中管理、统一经营"的方针。"集中管理"是指外汇收支计划、人民币汇率等重大事项均由国务院授权批准，外经贸部、财政部和人民银行在各自分管领域进行归口管理。"统一经营"是指对外贸易由国家垄断，进出口业务全部由外经贸部下属的国有外贸公司统一经营，相应的外汇贷款、外汇收付、外汇买卖都交由中国银行负责处理。具体到结售汇管理方面，外汇收支采用统收统支的方式管理。企业出口获得的外汇收入全部上缴国家，企业用汇则由国家统一计划安排（中国银行行史编辑委员会，2001）。

在法律法规制度层面，此时，国家还没有建立起统一完备的外汇管理制度，五个行政大区（华北、华中、华东、华南和云南）均出台了各自的《外汇管理暂行办法》。这些管理办法的基本原则和方法保持一致，但在具体的规定上存在一定差异。外汇交易在国家计划调控下进行，中国银行在各城市的分支机构曾短暂充当各地法定的外汇交易场所，但很快相继被撤销（中国银行行史编辑委员会，2001）。

随着社会主义改造完成，中国的经济也开始走上快速恢复的道路。但

---

① 参见国家外汇管理局官方网站"历史沿革"部分，网址，https：//www. safe. gov. cn/safe/lsyg/index. html。

随后发生的一些政治事件对社会经济的稳定发展造成了负面影响，也对外汇管理体制的改革和发展产生了一定的冲击和干扰。

2.2 改革开放后到社会主义市场经济地位确立 (1978—1993 年)

改革开放后，政治、经济和社会等各领域的指导思想开始"拨乱反正"。随着"农村包产到户"改革、不断扩大对外开放等措施的实施，中国经济进入快速增长期。各项体制机制的改革也逐渐步入正轨，各类商品市场化程度不断提高。1992 年党的十四大提出："将我国经济体制改革的目标，确定为建立社会主义市场经济体制。"[①] 建立社会主义市场经济体制，就需要在经济领域由国家计划主导的资源分配方式逐渐向市场发挥作用的资源配置方式转变。而在外汇管理领域，相关的体制、机制也迫切需要重检和修订。随着中国对外贸易体量的快速膨胀，外汇储备开始进入快速上升期，各市场主体对外汇交易的需求也不断提高。在此大背景下，外汇管理体制进行了若干重大变革。

第一，在管理机构方面，1979 年 3 月，国家成立国家外汇管理总局，这是新中国首次成立专门的外汇管理机构。[②] 在国家外汇管理总局成立之前，中国银行长期作为国家特许的外汇专业银行，在实质上履行了外汇管理机构的职能。此时，将外汇管理职能从银行机构中分离出来，也是为了更好地制定外汇管理法令、统一外汇管理、做好外汇收支平衡和对外汇收支进行检查监督。

第二，在法规制度方面，1980 年 12 月，国务院颁布《中华人民共和国外汇管理暂行条例》（以下简称《暂行条例》），这是新中国成立以来，

---

① 中国共产党第十四次全国代表大会关于十三届中央委员会报告的决议 . http：//cpc. people. com. cn/GB/64162/64168/64567/65446/4441716. html.

② 1982 年国务院对直属机构进行改革，国家外汇管理总局被撤销，将其归入人民银行下属，并改名为国家外汇管理局。

第一次在国家层面出台统一的外汇管理法规。《暂行条例》确立了管理原则：对国家机构的外汇收支实行计划管理，集中管理一切对外贷款，允许部分企业保留外汇，对驻华机构、外资企业、来华外国人参考国际管理实践进行管理。《暂行条例》的颁布实施标志着外汇管理法制化、规范化和系统化的开始，政府开始逐步解决长期以来外汇管理领域无法可依、无章可循、法令零散、不够统一的问题。

第三，在结售汇管理方面，开始施行外汇留成制度。外汇留成制度是指实行外汇管制的国家规定有外汇收入的厂商能按一定比例得到自留外汇的制度。国务院于 1979 年 8 月颁发了《关于大力发展对外贸易增加外汇收入若干问题的规定》，其中，对外汇留成的范围和比例做了明确的规定。实行外汇留成制度，能够较好地调动企业出口创汇的积极性，对于缓解改革开放初期外汇短缺的状况有极大帮助。

第四，建立起以外汇调剂交易为主的外汇交易市场。尽管在中华人民共和国成立初期曾经短暂地开办过地区性的外汇交易市场，但由于计划经济时代资源分配模式的限制，这些外汇市场由于缺乏活跃度而相继被关闭。随着外汇留成制度的实施，有不少持有外汇留成的单位希望能够将外汇兑换为人民币，而另一些单位则因用汇额度紧张而有较强的购汇需求。在供需双方强烈的需求推动下，1980 年 10 月，经国家批准，国家外汇管理总局和中国银行发出试办外汇调剂买卖工作的通知，并选定中国银行在北京、上海、天津、广州、青岛、大连、福州、南宁、南京、杭州、汉口、石家庄的分行试点，调剂交易一律按贸易外汇内部价格结算。① 外汇调剂市场的设立，标志着我国外汇交易市场雏形已经形成。随着外汇交易规模的进一步扩大，这种类似场外交易市场（Over – the – counter，OTC）的外汇调剂市场也不能满足交易的需求。从 1985 年开始，以深圳为首，国家先后在国内几个主要城市陆续设立了外汇调剂中心。1988 年 3 月，国家

---

① 1980 年时的调剂价格为 1 美元折合 2.8 元人民币；1981 年，价格可以在贸易外汇内部价 5%～10% 的幅度内议定。

外汇管理局正式颁布《全国外汇调剂中心规程》，正式规定外汇调剂中心是外汇业务的唯一法定机构，在外汇调剂中心以外进行的外汇交易都被视为非法交易。

第五，发行外汇券，以加强对来华访问、旅游、探亲外国人和侨胞购买商品的管理。外汇券全称是"中国银行外汇兑换券"，本质相当于外国人及侨胞使用的一种特殊货币。外汇券从 1980 年开始发行，1994 年停止发行，并于 1995 年起在全国停止流通。改革开放初期，来华进行友好交流和观光旅游的外国人、归国华侨日益增多。彼时，中国仍处在计划经济向市场经济转轨阶段，商品供应仍非常紧张。为满足来华的外国人及归侨的需要，中国兴建了一批专门针对这类人群的商店，以满足他们的消费需求。但当时，有些商店为了增加销售额，对所售商品直接以外币进行标价，其标价与银行公布牌价套算的人民币标价商品有较大的价差，形成了实质上的价格双轨制，出现了一些利用价差低买高卖的倒卖行为，严重扰乱了市场秩序。此外，根据《暂行条例》规定，国内是禁止外币流通的，采用外币标价和流通的方式存在法律风险，也不利于加强管理。为了解决上述问题，国务院于 1980 年 4 月授权中国银行发行外汇兑换券。外汇券的使用和兑换由中国银行负责，访华人士须将所持外币兑换成外汇券，在指定范围内与人民币等值使用。他们离开时，若还有剩余的外汇券，可以选择保留或兑回外币。正是基于上述原因，很多国外人士将外汇券称作"旅游货币"（杨友，2020）。

2.3 "94 汇改"到中国加入世贸组织前（1994—2000 年）

随着社会主义市场经济的不断蓬勃发展，已有外汇管理体制与不断扩大的对外开放水平已经不匹配。1993 年年底，人民银行发布《中国人民银行关于进一步改革外汇管理体制的公告》，拉开了社会主义市场经济条件下外汇管理体制改革的序幕。1994 年的外汇管理体制改革（以下简称"94

汇改")的重点主要体现在以下几个方面。

第一，解决汇率的"双轨制"。在改革前，中国实际上存在两种汇率：一种是官方公布的供汇价格，另一种是外汇调剂中心公布的交易价格。与价格"双轨制"一样，汇率的"双轨制"也产生了一系列的问题，包括扰乱市场秩序、推高交易成本、滋生官员腐败等问题。当时，全国各地的外汇黑市交易火爆，"倒汇"的资金掮客通过跨市场套利获取了丰厚的利润，一部分官员也参与其中，这极大地扰乱了外汇市场的正常秩序，并导致市场资源配置的混乱。汇率问题虽然表现为经济问题，但若是处理不当，可能会进一步引发社会问题。针对上述问题，中国人民银行在 1994 年 1 月 1 日果断采取措施，取消了人们熟知的官方汇率，将对外公布的汇率改为上年年底全国 18 个主要外汇调剂中心的平均市场汇率，全国实现汇率并轨。人民银行只公布一个基准汇率，各外汇指定银行参照此汇率，在规定幅度内自行指定对外挂牌汇率（政研，1995）。人民币的汇率形成机制被确定为"实行以市场供求为基础的，单一的、有管理的浮动制"。

第二，建立银行强制结售汇制度，取消外汇留成制度。在汇率并轨改革的同时，结售汇制度改革也快速同步推进。在"94 汇改"之前，外汇留成制度对激励企业出口创汇发挥了重要的历史作用，但由于外汇留成制度对不同行业、不同类型的企业规定了不同的外汇留成比例，实际上仍然是一种计划调控的管理方式，不利于外汇资金的优化配置，也不符合社会主义市场经济的改革方向。"94 汇改"废除了外汇留成制度，改为银行强制结售汇制度：企业必须将一切外汇按照市场价格结汇给指定银行，需要用汇时，再凭相关证明材料[①]向银行申请售汇。但对外商投资企业，出于吸引外资的考虑，仍然允许其保留外汇账户。同时，各家外汇指定银行也有一个结售汇余额的上限金额，超过额度上限的外汇必须卖出给其他银行或

---

① 包括配额许可证、进口合同、发票、货运单据、境外金融机构支付通知书等。银行有专门的人员负责对单据进行审核。

31

人民银行。银行强制结售汇制度实行后,外汇储备在当年就实现了倍增,从 1993 年年末的 212 亿美元跃升到 1994 年年末的 516 亿美元,增长了 143.4%。

第三,建立银行间外汇交易中心,将其作为全国统一的外汇交易平台。改革开放之前,各地外汇调剂中心承担了外汇交易市场的职能。但外汇调剂中心分布在全国各地,存在条块分割、信息不畅等诸多弊端。人民银行在上海成立具有全国统一市场性质的银行间外汇交易中心后,所有的外汇交易均在统一的交易市场完成,有利于提升交易量和规范交易管理。银行间外汇交易中心以上海为总部,在其他主要城市设立分中心,其按照"时间优先、价格优先"的原则进行交易的撮合和成交,采用集中的清算网络完成交易清算。这也是真正意义上的现代外汇交易体系。

第四,逐步停止外汇券的发行、流通、使用。外汇券的设计初衷是在物资供应不足的年代,一方面方便外国人和归国华侨购买商品,另一方面加大出口创汇的力度。但外汇券制度在实际运行的过程中,由于没有做到外汇券使用者身份的核实,很多国内居民也通过各种渠道获得了外汇券,并通过购买紧缺商品再转卖实现套利。这种现象的大量出现对商品价格体系造成了很大的干扰,严重冲击了正常的市场秩序。随着国内商品供应逐渐充裕,外汇券方便境外人士购买商品和加大创汇的政策初衷也不复存在,因此,人民银行于 1994 年 11 月宣布,从 1995 年开始停止使用外汇券,剩余的外汇券需在 1995 年 6 月底前完成兑换外汇或人民币的手续。至此,外汇券和人民币两套商品定价体系也实现了"并轨"。

"94 汇改"是一次跨时代、突破性的改革,实现了官方汇率和市场汇率的并轨,建立了银行结售汇制度,成立了全国性的外汇交易中心,解决了外汇券和人民币同时流通造成的市场价格体系混乱,为外汇管理体制适应社会主义市场经济的发展需要作出了重要的贡献。从改革的效果来看,改革完成后外汇储备持续提升,从 1994 年到 2000 年的 7 年间增长了近 8 倍,增长至 1 656 亿美元,实现约 34% 的年均增长率;人民币汇价稳中有升，即便经历了 1998 年的东南亚金融危机，人民币币值仍保持坚挺，与东南亚国家形成鲜明的对比；人民银行也具备了更多的外汇管理工具和手段，能够通过调节外汇的价格、流动性，配合其他宏观调控政策，更好地服务中国经济的市场化改革。

2.4　从中国加入世贸组织到货物贸易外汇管理改革（2001—2012 年）

经过多年艰苦卓绝的谈判，2001 年 11 月，在卡塔尔多哈举行的世界贸易组织第四届部长级会议通过了中国加入世贸组织的决议。随着中国开始逐渐融入世界贸易体系，对外贸易开始呈现指数型爆炸式增长。从 2001 年到 2012 年的 12 年间，中国的进出口总额从 4 743 亿美元增长至 38 671 亿美元，增长了近 8 倍，创下了世界贸易史上的奇迹。与此同时，外汇储备也从快速增长期进入指数增长期，同一时期内增长近 20 倍，先后突破 2 000 亿美元、5 000 亿美元、1 万亿美元、2 万亿美元和 3 万亿美元大关。外汇大量的流入和快速增加，也带来了新的挑战。这一阶段，外汇管理体制改革的主要方向是实现国际收支平衡的管理目标和实践"均衡管理"的监管理念。

第一，进一步深化改革人民币汇率形成机制。随着中国对外开放水平的不断提高，中国经济深度融入全球产业链，中国制造业的成本优势在国际上体现无疑，中国的对外贸易顺差不断扩大。此时，国内外出现的一些新情况也要求中国重新审视人民币的汇率机制。一方面，美国先后经历了"9·11"恐怖袭击和"互联网泡沫"破灭，美元汇率大幅跳水，而人民币汇率则在东南亚金融危机后始终维持在 1 美元兑 8.28 元人民币左右窄幅波动，面临较大的升值压力，人民币受到国际投机资本的高度关注，这种压力如果不加以释放，可能会酿成巨大的金融风险（管涛，2017）；另一方面，人民币汇率并未像巴拉萨—萨缪尔森模型（Balassa，1964；Samuelson，1964）预测的那样出现上升①，以美国为首的西方国家以此为借口，频频指责中国操纵汇率以获得不当的竞争优势，通过制定国内法律提高贸易门槛、在世贸组织规则框架内发动"反倾销"和"反补贴"调查、在国际上进行舆论发声等手段，频繁制造贸易摩擦，让中国也面临较大的国际压力（赵瑾，2004）。在这样的背景下，中国人民银行于2005年7月21日发布《关于完善人民币汇率形成机制改革的公告》（中国人民银行公告〔2005〕第16号），宣布我国的汇率形成机制调整为"以市场供求为基础，参考一篮子货币进行调节，有管理的浮动汇率制度"，这是自"94汇改"确立人民币汇率形成机制以来，人民币汇率形成机制的重大改革（以下称"7·21汇改"）。汇改当日，人民币汇率一次性升值2.1%，至1美元兑8.11元人民币。"7·21汇改"还确定，人民银行将每个交易日闭市后公布的当日银行间外汇交易市场汇率价格作为"中间价"，次日的人民币汇率在前一日公布的中间价基础上上下浮动0.3%。2006年1月，根据《中国人民银行关于进一步完善银行间即期外汇市场、改进人民币汇率中间价形成方式有关事宜的公告》，人民银行将中间价调整为开市前由外汇交易中心向各家做市商②询价，以去掉最高和最低价格后得到的平均价格作为当日的基准价格，并授权外汇交易中心对外发布。2007年5月，根据《中国人民银行关于扩大银行间即期外汇市场人民币兑换美元价格浮动幅度的公告》，汇率浮动区间扩大至0.5%。2012年4月，浮动区间进一步扩大至1%。经过"7·21汇改"及后续的一系列相关改革，人民币汇率形成机制的市场化水平不断提高，汇率弹性也得到显著提升，有利于激活市场多样化预期，抑制单边投机（管涛，2011）。

---

① 当然，我们知道巴拉萨－萨缪尔森假说成立有很多严格的前提条件，包括小国经济、利率给定、劳动力和资本在不同部门间可以快速、自由流动等。也有不少学者对巴拉萨－萨缪尔森效应提出了质疑和批判，例如McKinnon（2007）、林毅夫（2007）等。因此，不能简单地将汇率走势与其理论预测不符的原因归咎于汇率操纵。

② 做市商一般为银行间外汇市场的主要金融机构，包括主要的大型国有商业银行、股份制银行、城市商业银行以及外资银行。

第二，取消强制结汇制度，进一步提高外汇使用便利化水平。强制结售汇制度是"94 汇改"旨在增加外汇储备的主要措施，但这一制度已经不适应加入世界贸易组织后外汇流入大量增加的新情况。为了减少持有过多外汇储备对宏观经济可能造成的冲击，同时方便市场主体使用外汇，人民银行开始逐步放宽企业外汇账户的开立标准，并逐步提高保留外汇的限额。[①] 对个人，实行经常项目年度限额内的自由结售汇，经常项目额度外的结售汇提供相关证明材料后在商业银行直接办理，资本项目的结售汇需由外汇管理局事前审批。[②] 2007 年 8 月，《国家外汇管理局关于境内机构自行保留经常项目外汇收入的通知》的发布，标志着强制结汇制度正式成为历史。2008 年，修订后的《外汇管理条例》以行政法规的形式，明确规定企业和个人可以按规定自主选择保留外汇或将外汇卖给银行。取消强制结汇是外汇使用便利化的重大一步。

第三，逐步展开资本项目可兑换试点。在"94 汇改"完成之后的几年就有研究讨论实现资本项目开放的问题（吴晓灵，1997）。进入 21 世纪后，中国开始有序对资本项目进行开放。首先，持续鼓励外商直接投资（Foreign Direct Investment，FDI），不断简化相关管理流程：对外商投资只做真实性审核，扩大鼓励外商投资行业的范围，逐步放开金融等专业服务业的外商投资限制，鼓励外商参与国有企业改组等（张晓朴，2003）；其次，加强证券市场的双向开放，[③] 先后建立合格境外机构投资者（Qualified Foreign Institutional Investor，QFII）、合格境内机构投资者（Qualified

---

① 2006 年 4 月，《国家外汇管理局关于调整经常项目外汇管理政策的通知》（汇发〔2006〕19 号）全面取消外汇账户开户事前审批，外汇局不再对境内机构经常项目外汇账户的开立、变更、关闭进行事前核准；提高境内机构经常项目外汇账户保留外汇的限额，按上年度经常项目外汇收入的 80% 与经常项目外汇支出的 50% 之和确定。需要注意的是，2004 年发布的《国家外汇管理局关于调整经常项目外汇账户限额核定标准有关问题的通知》（汇发〔2004〕23 号）已将限额分别提高至 50% 和 30%。

② 参见中国人民银行 2006 年 12 月公布的《个人外汇管理办法》。个人结售汇额度确定为每人每年 5 万美元，参见国家外汇管理局 2007 年 1 月公布的《个人外汇管理办法实施细则》。

③ 2002 年 11 月国家外汇管理局发布的《合格境外机构投资者境内证券投资管理暂行办法》拉开了中国证券市场双向开放的序幕。

Domestic Institutional Investor，QDII）、人民币合格境外机构投资者（RMB Qualified Foreign Institutional Investor，RQFII）等制度。

第四，稳步推进人民币国际化。2009年6月，由国务院批复，中国人民银行等六部门联合发布了《跨境贸易人民币结算试点管理办法》，将上海、广东等四个城市作为首批人民币跨境结算试点。这标志着人民币国际化征程的开启（李波，2014）。一年后的2010年6月，六部门又将联合试点区域进一步扩大到北京、天津等20个省（自治区、直辖市），而后在2011年8月，跨境人民币结算正式扩展至全国。在经常项目试点取得良好效果并逐步推开后，资本项目的人民币国际化也取得进展。2010年，人民银行允许境外央行和商业银行使用人民币进入国内银行间市场投资债券；2011年，境内机构使用人民币进行境外直接投资、境外投资者使用人民币在境内投资先后放开；2011年年末，开始在香港试点RQFII，方便境外投资者使用人民币投资境内证券市场；2012年年末，陆续开展部分地区境外人民币借款试点。人民币国际化的不断深化发展，也促进了离岸人民币市场的蓬勃发展。香港成为亚太区域的离岸人民币中心，伦敦则成为欧洲的人民币中心。人民银行与多国央行开展了本币互换，人民币的国际认可度和使用率不断上升。

2.5 加速扩大对外开放时期（2013年至今）

从宏观经济来看，在2010年中国超过日本成为全球第二大经济体后，中国经济开始出现增长减速的趋势，GDP增速在2013年6月自国际金融危机后首次跌至10%以下，中国经济进入"新常态"。[①] 与此同时，由于美国经济从金融危机中复苏的情况较好，美国联邦公开市场委员会（Federal

---

① 2014年11月，国家主席习近平在出席亚太经合组织（Asia – Pacific Economic Cooperation，APEC）工商领导人峰会时首次阐述了中国经济的"新常态"：一是经济从高速增长转为中高速增长；二是经济结构不断优化升级；三是从要素驱动、投资驱动转向创新驱动。当年12月举行的中央经济工作会议上，习近平总书记再次阐述了在经济"新常态"阶段如何搞好经济工作。

Open Market Committee，FOMC）会议纪要显示，美联储从 2013 年年中就开始释放结束量化宽松（Quantitative Easing，QE）的信号（韩秀云，2013），美元汇率开始走高。在国内国际双重因素的作用下，人民币汇率持续上涨、外汇储备持续增加的局面开始发生变化。人民币汇率在 2013 年年末升值至历史最高水平（接近 1 美元兑 6 元人民币）后开始贬值，一度曾跌破 7；[①] 外汇储备在 2014 年 6 月达到接近 4 万亿美元的顶峰后开始下降，2017 年 1 月一度跌破 3 万亿美元。面对新形势，外汇管理体制也需要继续深化改革。这一阶段改革的主要目标是统筹平衡贸易投资自由化、便利化和防范跨境资本流动风险。具体举措包括以下 3 个方面。

第一，继续深入推进各项便利化和自由化措施，进一步加大资本项目开放的力度。随着中国承诺更大力度的对外开放，各方对于贸易投资便利化的期待越来越高。外汇管理工作开始加速改革，并朝着"五个转变"的目标转型："从重审批转变为重监测分析，从重事前监管转变为强调事后管理，从重行为管理转变为更加强调主体管理，从'有罪推定'转变为'无罪假设'，从'正面清单'转变到'负面清单'。"（易纲，2015）2013年 9 月，国家外汇管理局宣布全面放开服务贸易事前审批，大幅简化服务贸易处理流程。在资本项目上，不断加大资本市场开放力度，先后于 2014年 11 月、2016 年 12 月、2017 年 7 月、2018 年 12 月推出"沪港通""深港通""债券通""沪伦通"，并做好了配套的资本项目便利化外汇管理安排，进一步提升国际投资者对中国境内股票、债券市场的投资便利度。在上述措施的帮助下，中国资本市场的国际化程度也不断提高：2018 年 5月，A 股被纳入明晟新兴市场指数（MSCI Emerging Markets Index）；2020年 9 月，中国国债被纳入富时罗素世界国债指数（FTSE World Government Bond Index）。

第二，进一步推动人民币汇率形成机制的市场化改革向纵深推进。在"7·21 汇改"及后续一系列改革的基础上，汇率改革的步伐越迈越大。

---

① 2019 年 8 月 5 日，美元对人民币离岸和在岸汇率先后跌破 7。

2014 年 3 月，人民银行进一步将美元兑人民币汇率的波动区间从 1% 扩大到 2%。有学者认为，此次调整揭开了人民币汇率由单边升值转向双向波动的序幕（管涛，2018）。当然，尽管在既有汇率形成机制框架下进行了诸多调整，人民币汇率形成机制仍然存在一些不合理之处，包括形成机制透明度不高、供求信息反映不全面、中间价波动率较低等，这也导致外汇成交价与中间价出现长期背离，成交价经常出现涨停和跌停，制约了汇率弹性的改善（管涛，2016）。为将人民币汇率形成机制改革向纵深推进，2015 年 8 月 11 日人民银行启动了新一轮汇率改革（以下简称"8·11 汇改"），宣布调整人民币中间价形成机制，做市商参考上日银行间汇率收盘汇率，综合考虑外汇供求情况以及国际主要货币汇率变化向中国外汇交易中心提供报价。① "8·11 汇改"回归到了上日收盘价作为中间价的做法，有利于提高汇价的市场化、透明度和连续性，提升了中间价作为人民币汇价基准的地位，并拓宽了汇率的实际运行空间，有利于增加汇率的弹性。虽然当时受美元加息和国内经济下行预期共振的影响，"8·11 汇改"后人民币汇率出现了较大幅度的贬值，但很快，随着美国经济复苏弱于预期，美联储缩表加息步伐逐渐放缓甚至最终反转，加之国内经济韧性较强，人民币汇率又迅速反弹，并呈现常态化的双向波动态势。从长远效果来看，"8·11 汇改"显著提高了人民币汇率的弹性，"汇率破 7"也不再是人民币汇率必须死守的红线，人民币汇率的市场化调节机制越发成熟。

第三，将外汇管理纳入宏观审慎评估（Macro – prudence Assessment，MPA）框架，强化对跨境资本流动的管理，防范金融风险的跨境传染。全球金融监管当局反思 2008 年国际金融危机（Global Financial Crisis，GFC）后，认为货币监管当局应重视货币稳定和金融稳定"双目标"，继而在传统货币政策框架基础上提出了宏观审慎管理的理念（李斌和吴恒宇，2019）。中国人民银行于 2016 年开始将原有的差别准备金动态调整和合意

---

① 中国人民银行关于完善人民币对美元汇率中间价报价的声明．（2015 – 08 – 11）．http：//www.pbc.gov.cn/goutongjiaoliu/113456/113469/2927054/index.html.

贷款管理机制升级为 MPA 体系。MPA 体系的七项主要指标之中就包括跨境融资，具体措施包括将外债纳入 MPA 体系、调整远期结售汇保证金比例①、在外汇中间价形成机制中加入"逆周期因子"等。中国经济发展进入新常态后，国内经济下行压力较大，而同期美国经济景气度则呈现上升态势，人民币汇率贬值预期较强，通过经常项目和资本项目流入的外汇规模开始减少，特别是在 2015—2017 年，外汇面临较高强度的流出压力，2 年内外汇储备减少了约 8 000 亿美元，已跌至接近 3 万亿美元大关。为了减少国际宏观环境对国内宏观经济的负面影响，防止国外金融风险传染至国内并引发经济危机，人民银行将金融机构和企业的境外融资纳入 MPA 体系，以提高相关主体通过外债融资的审慎性，有效减少资本流出入风险、外债风险、汇率风险、银行体系风险、人民币资产池风险等，提高宏观经济的稳健性（外汇局江苏省分局课题组，2016）。

2.6　研究结论及启示

中国的外汇管理体制改革和发展经历了较长的时间，也是中国的经济体制由计划经济向社会主义市场经济转型的一个重要组成部分。随着外汇管理体制改革的不断深化，我国的外汇储备已经增长了成千上万倍，成为世界第一大外汇储备国。可以说，中国的外汇管理体制改革基本适应和匹配中国的经济规模和质量的不断发展。随着中国经济由高速增长向高质量增长转变，以及社会主义市场经济向更加开放包容的纵深发展，外汇管理体制改革还会面临更多新的挑战。

一是如何处理好扩大开放与防范金融风险之间的关系。中国开放的大门只会越开越大，但这绝不意味着外汇管理就是一开了之，一放了之。随着资本项目开放向纵深推进，对外汇管理的要求只会越来越高。如果不能

---

①　中国人民银行分别于 2015 年 9 月、2018 年 8 月将远期售汇业务的外汇风险准备金率调整为 20%，又分别于 2017 年 9 月、2020 年 10 月将准备金率调整为零。

做到这一点，扩大开放和防范风险可能不能同步，极易酿成重大金融风险，这一点在一些国家中是有前车之鉴的。未来，我国外汇监管当局需要进一步提升理论积累、人才储备和科技含量，特别是要加强事中监督和事后核查，加大违规处罚力度，压实金融机构责任，真正做到便利性和安全性的统一。

二是如何处理好外汇业务的发展和人民币国际化之间的关系。随着人民币国际化水平的不断提高，跨境资金收付中人民币所占的比例已经不低，跨境人民币的管理也应该被纳入外汇管理的框架。美国虽然实现了相当程度的本币国际化，其监管机构对海外美元的管理仍然高度重视，会定期披露各类海外美元存在形式的情况。与美国不同，我国本币国际化尚处在初期，外汇和跨境人民币交易在相当长的时间内各自都会占据较大的份额。因此，外汇管理改革需要统筹好外汇与跨境本币的关系，将跨境本币交易也作为外汇交易的一种特殊情形予以管理，防止离岸本币过度自由化可能积累的风险。

三是如何处理外汇管理体制改革与实体经济发展的关系。中国的实体经济发展离不开外汇的支持，贸易和投资中外汇使用便利化也一直是改革的重要方向。随着中国越来越开放，诸如跨境电商、数字贸易等新业态、新模式层出不穷，对外汇使用的要求也越来越高。如何在风险可控的前提下，做好外汇管理体制改革以适应新经济的发展需要，已经成为新的重大课题。当前，自由贸易试验区仍不失为改革试点的有力抓手，通过运用"监管沙箱"等新理念，建立容错机制，在试验区内进行先行先试，可靠运行一段时间后，再向全国推广。金融管理理念和管理措施是否先进，归根到底还是要以能否服务好实体经济为标准。

第3章　国际外汇管理体制比较研究

只懂得一个国家的人，他实际上什么国家都不懂。

——西摩·马丁·李普塞特（Seymour Martin Lipset），美国知名社会学家

为了更好地理解中国外汇管理制度的演进，有必要对其他国家的外汇管理制度进行对比分析。根据代表性和资料的可得性，本书分别选取了日本、法国、泰国和巴西四个国家，简要介绍各自的外汇管理制度及其演进脉络。上述国家具有较强的代表性：覆盖了亚洲、欧洲、美洲；既有发达经济体，也有新兴市场国家；既有大型经济体，也有中小经济体；既有开放程度较高的经济体，也有管制程度较高的经济体。

3.1　日本：从外汇管制到全面开放

日本的外汇管理制度变革主要经历了三个阶段：第一阶段为第二次世界大战后到20世纪80年代，这一阶段外汇管理的核心理念是"强管制"；第二阶段为20世纪80年代到20世纪末，在这一阶段，随着日本经济的快速增长，日本政府逐步放开外汇管制并大力推动日元国际化；第三阶段为20世纪末至今，随着日本经济泡沫的破灭，日本政府转向推动金融全面自由化，以期借此促进经济的复苏。

第二次世界大战后到20世纪80年代前，日本的外汇管理主要受《外汇

与外贸管理法》《外国投资法》规制。两部法律的颁布时间分别为 1949 年和
1950 年。其中,《外汇与外贸管理法》的管理思路是除非经过明确许可,严
格禁止资本项目的流动;《外国投资法》的作用则是确保对外投资的收益能
回到本国,并用于资本形成和技术进口(左海聪和范笑迎,2015)。类似于
中国改革开放前的外汇管理模式,日本政府集中管理收汇及用汇,除得到政
府部门批准外,所有的外汇交易被严格禁止。私人部门则无权持有外汇,其
通过各种渠道获得的外汇必须卖给指定外汇银行。这一阶段日元实行固定汇
率,美元兑日元的汇率固定在 1 美元兑 360 日元。从 20 世纪 60 年代开始,
日本经济开始进入所谓的"昭和奇迹"时期。日本政府于 1956 年公布了
《经济白皮书》,将实现现代化作为经济发展振兴的口号,提出了经济腾飞的
路线图。伴随着经济的快速崛起,日本的进出口贸易和投资体量也迅速增
长,日本政府也开始逐渐放松十分严格的外汇管制。深尾光洋(Fukao,
1990)总结了 60 年代以来日本外汇管理体制的几个主要时间节点:1963 年,
日元的官方汇率被允许在 1 美元兑 360 日元的 ±0.75% 范围内浮动;1964 年,
日本废除了经常账户的外汇管制;1970 年、1971 年,先后允许本国信托投资
基金和保险公司在一定金额上限范围内投资外国证券;1972 年正式废除集中
外汇管理制度,无论非居民还是居民均可自由持有外汇;1973 年,在布雷顿
森林体系解体 2 年后,日元转向浮动汇率制。

20 世纪 80 年代到 20 世纪末新一轮外汇改革开端的标志就是 1980 年
年底修改并颁布的新《外汇与外贸管理法》。新《外汇与外贸管理法》实
行更加接近"负面清单"的管理模式,不再将禁止性原则作为常规性规
定,而是将其作为例外性规定,体现了更加自由化和便利化的趋势。尽管
新一轮外汇改革大大提高了外汇使用的自由度,但监管当局仍然保留了叙
做远期交易实需背景要求和外汇银行的日元结汇限额。随着外汇管理自由
化的进一步放开,上述两项限制也分别于 1984 年 4 月和 6 月被解除
(Fukao,1990)。在资本项目方面,日本进一步放开了对外投资的限制,
将资本项目对外投资的机构范围扩大到了养老信托基金、简易人寿保险等

机构。在日本放松对外投资管制的同时，保罗·沃尔克主导下的美联储实行紧缩的货币政策，美元利率走高，日本资本涌向美国，并导致了日元汇率的走低。疲软的日元汇率引发了其他发达国家对日本压低汇率获得国际贸易竞争优势的指责，各国与日本的贸易摩擦不断。1985 年，美国、法国、英国、联邦德国、日本五国（简称 G5）财政部长和央行行长在纽约广场饭店签署协议，同意以联合干预外汇市场的方式促使美元贬值。日元汇率在签署"广场协议"后不断上升，从 1984 年年底的 250 日元/美元，不断升值并先后突破 200 日元/美元、150 日元/美元，到 1990 年年末已较签订"广场协议"之初累计升值近 50%。快速升值的日元汇率、过热的资产泡沫、不当的财政货币政策共同刺破了日本经济的泡沫，并为日本带来了长期的经济停滞（黑田东彦，2004）。

　　到 20 世纪末，日本政府为了应对泡沫经济破灭后萎靡的经济，采取全面放松金融业监管并对外开放的措施，期望将东京打造为全球金融中心，以摆脱经济停滞。时任日本首相桥本龙太郎于 1996 年提出了《我国金融制度的改革——走向 2001 年的东京市场振兴计划》的金融改革方案，决定采取"大爆炸"的激进方式对日本金融体系进行颠覆性的变更（邱永红，1998）。1998 年，日本政府再次对《外汇与外贸管理法》进行部分修改，其主要措施包括在法律名字上取消"管理"二字，更加强调外汇管理自由化的改革取向；进一步放宽资本项目交易的限制，将大部分需要事前审批的资本项目事项改为事后报备，个人和企业的海外外汇存款账户也不再受到限制；取消指定外汇公认银行、证券公司和汇兑经纪人制度，外汇交易业务实现全面自由化；全面实行对外直接投资自由化，所有交易无须再事前申请，全部改为事后报备，与之相关的海外银行业务也实行全面自由化（许丛琳，2004）。"金融大爆炸"政策出台后，日本金融业在短期内的确出现了景气，但这种繁荣并没有持续太久。由于日本人口老龄化、科技创新能力不足、物价长期通缩，经济始终没能走出增长停滞的泥沼仍在低位徘徊，金融业开放带来的短期刺激并未带动经济的持续复苏。

"双循环"新发展格局下结售汇与银行信贷

3.2 法国：从严格管制到全面融入欧元区

与人们印象中法国实行自由主义经济政策的印象不同，法国的外汇管理政策同样经历了从严格管控到逐渐放松的过程。第二次世界大战后，法国的外汇管理政策可以分为三个阶段：第二次世界大战后至1983年，实行较为严格的外汇管制政策；1984—1999年，外汇管制全面放开，贸易和投资便利化、自由化程度不断提高；1999年后，欧元正式登上历史舞台，法国的外汇管理政策开始与欧元区进行整合。

早在法兰西第三共和国时期（1870—1940年），法国就开始制定相应的外汇管制法律。阿诺（Arnoult，1951）研究了第二次世界大战期间德国占领时期法国的外汇政策。当时，德国统治当局制定了比较严格的外汇管理规定，要求法国所有出口到德国的货物均使用法德清算办公室发行的银行券支付。第二次世界大战结束后，法国开始进行战后重建。在经济恢复的初期，与法国相对封闭和受到保护的经济发展模式相适应，经常项目和资本项目的外汇交易仍然受到严格管制，包括非居民不得买卖法郎、企业必须将外汇卖给政府指定的外汇银行、居民禁止在海外开立外汇账户、对外商直接投资（FDI）和对外直接投资（ODI）实行事前审批、银行外汇交易实行轧差清算等（法国、埃及两国外汇管理状况考察团，2004）。但随着法国经济恢复水平的提高，过于严格的外汇管制无法适应经济的发展。1958年12月，法国政府宣布放开对经常项目的外汇管制，但仍然保留了在面临极端外部冲击时收紧管制的权利。此后，外汇管制进一步放开，德吕梅茨（Drumetz，2003）认为，1968年法国爆发的政治危机[①]导致了经常项目管制再度收紧。在20世纪80年代初期，法国外汇体系再度面临冲击。由于出现了针对欧洲货币体系（European Monetary System，EMS）的投机性攻击，市场对法郎有较强的

---

① 1968年5月，法国爆发了一场全国性的反政府抗议示威运动，法国各地学生罢课、工人罢工，民众纷纷走上街头，史称"五月风暴"。

44

贬值预期，资本也有外逃到瑞士的趋势。随着密特朗（François Mitterrand）当选为法国总统，政府采取了更加严格的管制措施，例如，布拉特（Brault，2014）指出，旨在绕开资本管制的经常项目进口项下的提前支付和出口项下的延后收款、进出口商的远期外汇交易均被禁止，国际旅行用汇也被削减。在这些措施的作用下，法国的金融局势才开始稳定。总体来看，在这一阶段，法国仍然保留了比较严格的外汇管制，即使曾一度有所放开，最后还是由于自身政治和经济的冲击，自由化和便利化进展仍然不大。

1984 年，法国政府重启经常项目的自由化进程，这也开启了法国放松外汇管制的进程。在经常项目的支付被放开后，此前被禁止的进出口商远期外汇交易也被完全放开。资本项目开放方面，也出台了不少措施：从1986 年开始，法国居民可以不受限制地投资境外证券市场上市的股票或购买房地产，法国的银行可以在一定限额内向非本国居民提供法郎贷款；从1987 年开始，本国居民也可以向境外金融机构借入法郎或外汇贷款；从1989 年开始，居民可以根据自身意愿保留境内外币存款账户或境外本外币存款账户，ODI 的行政审批流程也全部取消；从 1996 年开始，FDI 的事前审批也被取消。至此，法国的经常项目和资本项目外汇管制全部取消。经过上述外汇自由化和便利化改革后，法国资本外流的趋势得到遏制，涌入法国证券市场的资金基本平衡了直接投资项下的流出。可以说，法国外汇管制的放松对法国国际收支的平衡起到了促进作用。

1999 年，欧元正式开始发行。经过 3 年的过渡期，2002 年，欧元取代各国家原有的货币，成为欧元区的唯一法定货币。法国是欧元的主要发起国和倡导者，也向欧盟让渡了部分货币政策和外汇管理政策的主导权。在外汇管理方面，欧盟运行条约（Treaty on the Functioning of Europe Union，TFEU）对成员国的义务进行了明确的规定。根据年利达律师事务所（Linklaters，2013）的研究报告，TFEU 要求成员国不得为欧盟成员国内部及欧盟成员国与第三国的正常贸易货款支付和资本流动设置障碍，除非欧盟议会一致同意取消经常项目和资本项目自由流动，或者某一成员国基于重大的公共利益和公共政策而采取外汇管制措施。欧元区成立后，只有少数中小型经济体国家曾经援引上述例外条款采取了外汇管制措施，包括2008年的冰岛、2013年的塞浦路斯等。可以看到，欧元体系建立后，法国作为主要成员国，其独立采取外汇管制的权利受到 TFEU 的极大限制。法国的外汇管理政策已经同整个欧元区进行了深度整合。

3.3 泰国：从激进的自由化改革到保留一定的资本管制

泰国是东南亚地区的主要国家之一，其经济在 20 世纪 80 年代、90 年代曾高速增长，并与马来西亚、印度尼西亚、菲律宾并称为"亚洲四小虎"。1997 年，亚洲金融危机爆发，正是由于泰国的货币泰铢贬值引发了连锁反应，导致了整个东南亚国家遭遇了严重的金融冲击和经济衰退。泰国较早就实行比较开放的外汇管理政策，其又经历了大型金融危机的冲击，具有鲜明的特点，故泰国外汇管理体系可以作为开放型新兴市场经济体中的一个典型代表。1997 年的金融危机对泰国的经济金融制度产生了深远的影响，本部分将泰国的外汇管理变迁历程主要分为金融危机前和金融危机后两个阶段。

在金融危机前，泰国经济已经经历了多年的高速增长。素桑甘和维希亚农（Sussangkarn and Vichyanond，2007）的研究表明，1960—1995 年，泰国的平均 GDP 增速高达 7.7%，贫困人口占比从 60% 降低到 15%，泰国经济成就也被世界银行称赞为东亚经济奇迹的典型代表之一。在经济快速增长的同时，泰国采取了比较激进的外汇管理制度改革。1984 年，泰国宣布泰铢从固定汇率调整为盯住一篮子货币，货币篮子中美元占比为 80% ~ 82%，日元占比为 11% ~ 13%，德国马克占比为 6% ~ 8%，泰国央行每日公布中间价，汇率可在中间价 ±0.02% 范围内浮动。饭岛健（Lijima，1998）指出，由于美元在货币篮子中占比较高，盯住一篮子货币的汇率制度实际上成为了盯住美元，美元兑泰铢的汇率在较长时间内基本稳定在 25 泰铢/美元。从 20 世纪

80 年代中期开始,美元汇率持续走弱,同时也导致泰铢汇率同步走弱,极大地刺激了泰国的出口。但长期汇率低估刺激下的出口增长,容易让国内企业对低汇率产生依赖,而无法专注于管理水平和产品质量的提升,导致其竞争力较弱,一旦汇率优势消失,出口就面临巨大的缺口。从 90 年代开始,泰铢随美元汇率开始走高,泰国的出口增速也急剧下降,经常项目开始出现赤字(王宇,2007)。在这种背景下,泰国加快了资本项目的对外开放,以吸引更多的国外资本流入,平衡经常项目的缺口。瓦尔(Warr,2004)的研究指出,1990 年之前,泰国的金融资本跨境流动受到严格限制,但到 1993 年,泰国通过四次改革,取消了许多经常项目和资本项目的外汇管制,外汇几乎可以完全自由地进出泰国(Lijima,1998)。此外,泰国还作出了全面开放离岸市场的决定,并于 1993 年 3 月推出了曼谷国际金融安排(Bangkok International Banking Facility,BIBF),旨在将曼谷打造成为类似东京、新加坡那样的国际金融中心。在 BIBF 框架下,泰国央行向多家国内外银行颁发牌照,允许这些银行经营离岸外币业务。上述汇率安排和外汇管理制度为 1997 年东南亚金融危机的爆发埋下了隐患。采用盯住汇率政策吸引了大批投机性资金的注意,而过松的外汇管制又导致这些资金可以轻易撤出泰国,这大大推高了企业和个人借入外债的风险。1996 年 11 月开始,国际投机者通过大量借入泰铢并卖空发起了三轮泰铢狙击战,泰铢面临空前的贬值压力。安马尔(Ammar,2011)指出,为了维持固定汇率,泰国央行几乎耗尽了所有外汇储备,最终于 1997 年 7 月宣布放弃盯住汇率制度,泰铢汇率暴跌,引发市场恐慌,危机迅速传染至周边国家,酿成了席卷整个东南亚地区的金融危机。

金融危机爆发后,泰国政府不得不向国际货币基金组织(International Monetary Fund,IMF)寻求贷款支持,以支撑其国内经济。IMF 提供了总计 172 亿美元的贷款,但也附加了比较苛刻的条件,包括泰国当局必须采取紧缩的货币和财政政策、对金融部门和实体部门进行结构性改革、提高监管审慎标准和外资开放水平、实行部分国家垄断行业的私有化等。1998年,泰国的经济开始从金融危机中恢复过来,当年年末,经济实现了正增长。IMF建议的改革措施，更多是泰国政府为获得贷款所做的政治妥协（Sussangkarn and Vichyanond，2007）。真正对危机进行反思后提出的针对性措施主要还是集中在外汇管理政策上。泰国政府重新审视了过于自由的外汇管理政策，特别是资本项目管理政策，并重新加强了管理。从危机中恢复后，泰国经济在2003—2004年再次进入高速增长阶段，年均增速达到6.2%。同时，美国宽松的货币政策也使得外汇重新开始大量流入以泰国为代表的新兴市场国家。泰国央行基于亚洲金融危机的经验，开始采取措施控制资本的大量流入，包括限制非居民泰铢交易、限制资本流入。同时，泰国央行还鼓励居民进行海外投资，以期平衡资本项目的收支表。科埃略和加拉赫（Coelho and Gallagher，2014）研究了相关的外汇管制措施：在限制非居民泰铢交易方面，2006年11月，泰国央行停止本国金融机构向非居民发行或出售泰铢计价的债券，禁止非居民基于泰铢债券的回购交易；在限制外汇流入方面，2006年12月，泰国央行对除FDI和金额不超过2万美元外的所有其他资本流入，要求金融机构缴纳30%的无息存款准备金。[①] 此外，泰国政府还出台了一系列鼓励海外投资的政策，比如吉特曲与萨蒂（Jittrapanun and Suthy，2009）研究了泰国央行放宽了海外投资的种类限制的措施，包括允许投资房地产和各种票据，并将机构投资者的投资主权债券的额度从5亿美元提升到15亿美元。金融危机后，随着美国经济复苏和美元利率上升，泰国资本流入的压力开始减少，泰国央行从2010年又开始转向鼓励外资流入的政策，并逐渐取消了上述资本管制措施（Bank of Thailand，2010）。经过上述调整，泰国最终仍保留了一定的资本管制，特别是对外资对金融机构的持股比例以及非居民泰铢交易进行了较为严格的限制（国家外汇管理局"一带一路"国家外汇管理政策研究小组，2019）。

---

① 若该笔投资能够在泰国国内留存一年以上，则缴纳的准备金会被返还，否则只会返还三分之二。

3.4　巴西：从放开外债到"完全浮动汇率制 + 外汇管制"

巴西是最大的新兴市场国家之一，也是拉美经济的重要组成部分。20世纪 80 年代的拉美主权债务危机造成外资大量撤离，对巴西经济造成了沉重的打击，也深刻影响了巴西的外汇管理政策。参考已有文献的研究，例如，艾尔斯等（Ayres et al.，2019）结合巴西的经济社会发展阶段，将其外汇管理政策按照经济快速增长期（1964—1980 年）、衰退期（1981—1994 年）和温和增长期（1995 年至今），分别进行阐述。

在快速增长期，巴西国内经济维持了高增长和高通胀。1964 年，巴西军人通过政变上台，并于 1967 年宣布将国名改为巴西联邦共和国，自此开始了长达 20 年的军人独裁统治。虽然政治上实行独裁，但经济上巴西得益于快速的城市化和政府大规模的基建投资，经济在此期间实现了快速发展，实际 GDP 年均增长率为 4.6%。在经济起飞的同时，巴西也饱受高通胀的困扰。在军政府上台之初，巴西的经济基础比较薄弱，为了刺激经济，巴西采取了一种特殊的汇率制度：汇率在一段时间内相对固定，但过一段时间会进行评估，并在评估后进行较大幅度的调整，因此，其货币汇率也出现了比较明显的"台阶"走势（见图 3.1）。而在资本项目管理方面，巴西也出台了专门的法律规范 FDI，要求所有的外资企业的投资均需要备案，以获取将来分红、付息和还本的许可。同时，法律还严格禁止未经授权的外汇交易。博诺莫和特拉（Bonomo and Terra，1999）指出，从1968 年开始，巴西经济开始进入所谓的"奇迹"时期。随着工业制造能力的提升，巴西的出口结构也发生了变化，以咖啡豆为代表的初级农产品出口比例下降，而工业制成品的出口比例不断提升。为了维持这种出口优势，巴西的汇率制度也开始调整为实质上的"盯住"制度，在具体操作上实行了相机进行小幅调整汇率的策略。1973 年爆发的石油危机给巴西经济造成了沉重的打击。由于石油价格暴涨，而巴西经济主要依赖进口石油，巴西的经常账户状况迅速恶化，由顺差快速转变为逆差，且逆差规模持续扩大，到1974年，经常账户逆差已经达到74亿美元。但巴西没有采取抑制需求的政策，而是通过大量借入外债来平衡经常项目的赤字。外债规模因此迅速增长，每年支付的外债利息也迅速从5亿美元增长到1978年年末的27亿美元。借入外债的方式在表面上维持了经济的繁荣，但也为巴西经济的发展埋下了隐患。到拉美主权债务危机爆发前夕，巴西的外债水平已经处于历史高位。

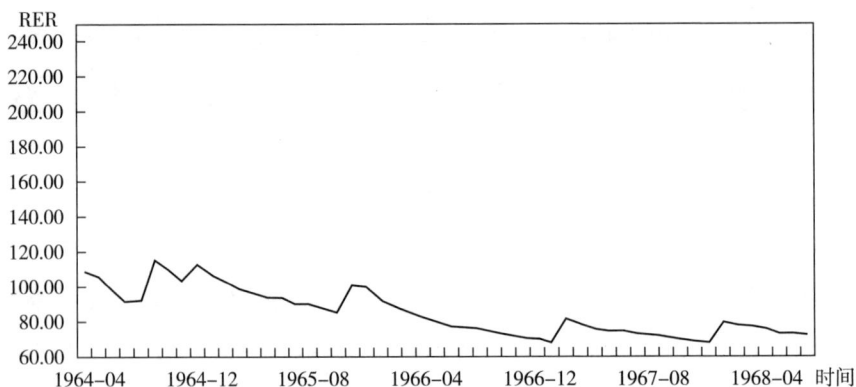

图3.1　巴西货币真实汇率变化情况[1]

从1981年开始，巴西的危机开始浮现，巴西经济进入"迷失的十年"。1981年，巴西当年通胀率超过了100%，这也开启了巴西持续多年的恶性通货膨胀（Hyperinflation），到1990年通胀率甚至高达2360%。同时，巴西的经济开始衰退，这一阶段的GDP基本均维持在负增长区间。高通胀、高外债、高失业多重冲击下的巴西经济体系已经基本崩溃，1986年，政府推出的旨在控制恶性通胀的"克鲁扎多计划（Cruzado Plan）"也以失败告终。戈德法恩和米内拉（Goldfajn and Minella，2009）研究发现，

---

　　① 图片来自Bonomo and Terra（1999），纵坐标为真实汇率比率（Real exchange rate，RER），1962年1月为100。

虽然有严格的资本管制规定，但外资还是通过"黑市"逃离巴西。同时，巴西为了对冲外资流出，开始放开资本项目下外资流入的管制。1991 年，巴西通过在外汇管理法增加附件的方式，放开了外国机构投资者投资巴西股票市场的限制。同时，为了减少通过"黑市"交易的外汇资金，巴西在 1988 年年末进行了所谓的"浮动汇率市场改革"，允许浮动汇率的外汇交易。①

1994 年，巴西开始实施"雷亚尔计划（Real Plan）"，主要目标是控制严重的通胀，并推出了新货币雷亚尔。雷亚尔的发行需要有相应的外汇储备作为支持，其汇率实行"爬行盯住"制度，确定雷亚尔与美元的汇率固定在 1∶1，一旦汇率变动超过一定范围，政府就会通过外汇买卖进行干预。这一制度与中国香港的"联系汇率制"有不少类似之处。"雷亚尔计划"取得了良好的效果，巴西通胀率迅速回落至个位数。但同时，雷亚尔也随着美元的升值而存在一定的高估，这也削弱了巴西出口产品的竞争力，导致巴西的经常项目的赤字再次扩大，巴西政府不得不重新走上依赖资本项目流入来平衡国际收支表的老路。1998 年，东南亚金融危机造成市场恐慌情绪蔓延，在避险需求的推动下，投机性资本开始撤离巴西。为了防止 20 世纪 80 年代危机的重现，巴西实行了汇率制度改革，不断扩大雷亚尔的浮动空间，并最终在 1999 年实行了完全的浮动汇率制度。同时，外汇使用的管制始终没有放松。巴西企业和个人通过各种渠道获得的外汇必须通过金融机构结汇转化为雷亚尔；而在需要使用外汇时，也需要向金融机构申请购汇。此后，巴西央行也做了一定的自由化改革，在 2004 年允许非居民在巴西金融机构开立外汇现钞账户（韩国、巴西世行项目考察团，2005）；在 2005 年放开了外汇交易的限额限制（姚余栋和张文，2012）。

---

① 浮动汇率市场类似于中国 20 世纪 80 年代的外汇调剂市场安排。在 1999 年巴西实现汇率自由浮动后，两个市场实现了并轨。

3.5 研究结论及启示

日本、法国、泰国、巴西这四个经济体分别位于亚洲、欧洲和美洲，覆盖了发达经济体和新兴经济体。其中，日本和法国互为镜像：日本泡沫经济破灭陷入"失去的十年"后，日本政府过于激进的外汇自由化改革和汇率政策并没有将日本经济拉出"泥潭"；而法国的外汇管理体制改革则更为稳健，其维持了相当长时间的资本管制，法国经济没有出现大起大落的情况，现在已完全融入欧元体系。泰国和巴西则是新兴市场国家中经历了金融危机的典型代表，两国都因为过早开放资本账户和采用相对固定的汇率政策，导致外债大幅增高的同时，在面临冲击时缺乏有弹性的汇率调节和有效的资本管制工具，最终导致了金融体系的崩溃。

相比之下，我国的汇率管理体制改革以"稳慎、渐进"为主要特点，20世纪90年代中期，取消了所有经常项目对外支付和转移限制，实现了经常项目完全可兑换。自2000年以来，按照"先长期后短期、先机构后个人、先流入后流出、先间接后直接"的思路，有序推进资本项目可兑换。目前，我国资本项下直接投资已实现基本可兑换，跨境融资和境外贷款已构建宏观审慎管理框架，跨境证券投资也通过合格境外机构投资者（QFII）、人民币合格境外机构投资者（RQFII）、合格境内机构投资者（QFII）、"沪（深）港通"、"债券通"等渠道有序开放。结合日本、法国、泰国、巴西四国的外汇管理制度沿革的相关经验，笔者对外汇管理体制改革提出以下5点政策建议。

第一，坚持外汇管理制度以服务实体经济为宗旨，差异化推进资本项目可兑换。金融是实体经济的"血脉"，为实体经济服务是金融的天职。日本所谓"爆炸式"的金融改革脱离了其自身实体经济的需求，注定是无本之木、无源之水，无法真正保障经济的长期稳定增长。在当前加快构建"以国内大循环为主体，国内国际双循环相互促进"的新发展格局、落实中央"六稳""六保"政策的大背景下，外汇管理制度改革要结合"后疫情"时期经济发展的实际。要以实质重于形式的原则，穿透管理好跨境资本流动，实施好差异化管理。对于有真实交易背景的资本项目要给予更多便利。针对一些成熟的资本项目，可以加快推动"备案制"改革，让市场主体充分享有利用国际和国内两个市场、两种资源的自主权。而对于以跨市场、跨币种套利为目的的资本项目交易，特别是针对一些衍生交易品种的交易，则应充分认识其潜在风险，坚持底线思维，以"可管可控"为前提，小步稳妥开放，高度警惕外部冲击可能带来的金融风险以及对我国经济的负面影响。

第二，加快构建"宏观审慎＋微观监管"两位一体的外汇管理框架。在四国中，法国在宏观管理上的预调、微调和微观管理上的做法有值得借鉴的地方：无论政治事件还是金融投机事件引发的危机，其监管当局都能在出现苗头时，在宏观上及时收紧管制措施，同时明确对金融机构、居民的管理要求，从而避免了危机的发酵。因此，一方面在宏观层面，我们要加强对跨境资金流动的分析与监控，把握进出口规模、人民币汇率、结售汇规模、跨境资本流动等关键变量间的必然联系，前瞻性地以市场化方式开展逆周期调节以降低跨境资金流动性的顺周期性；另一方面，在微观层面，我们要保持政策的稳定性、连续性和一致性，稳定市场主体预期，严格规范居民、企业、金融机构外汇业务的相关行为，坚决维护外汇市场稳定。特别需要提到的是，要压实金融机构外汇管理方面的主体责任，督促其严格按照"展业三原则"开展外汇业务。要通过科技手段加强对金融机构业务的检查，进一步加大事后处罚的力度，让违规开展业务的损失远远大于收益，形成震慑作用。

第三，外汇使用便利化与完善金融市场应同步推进。要反思泰国和巴西在本国监管能力不足、金融机构经验欠缺的情况下，过快对离岸本币业务放松管制，为金融危机埋下隐患的教训。作为规则制定者和监督者的监管机构和作为市场参与主体的金融机构之间的互动是否良性，是判断金融市场是否成熟的重要标准。因此，平衡好对外开放和防范风险之间的关系，重要举措就是加强自身监管能力建设，加快培育具有世界一流管理能力的金融机构。因此，在推进便利化改革的同时，应当同步完善金融市场机制，规范金融机构行为，这样才能保证我们在享受外汇使用便利化的同时，防范好金融风险。

第四，通过外汇管理体制改革，进一步丰富外汇管理工具箱。目前，各主要经济体进行外汇管理的工具大致可分为数量型和价格型两类。而我国当前使用较多的工具为数量型（如外汇风险准备金、银行结售汇综合头寸限额等），价格型工具主要有人民币对美元汇率中间价的逆周期调节因子等。由于相较于"一刀切"的数量型工具，价格型工具市场化程度更高，也更灵活，更有利于发挥市场在资源配置中的决定性作用。未来可在"托宾税"等价格型工具方面进行更多探索，例如通过对证券投资、跨境融资、居民与非居民间的交易本金或者净收益征税来调节跨境资金流动等。

第五，平衡好人民币国际化与外汇管理改革的关系。近年来，人民币国际化水平不断提高，截至 2020 年，境内人民币收付规模已占跨境交易的四成左右。相关研究已经证明，在跨境贸易结算中人民币使用比例的提高有利于维持经济平稳，防范金融风险。本书介绍的四个国家中，欧元和日元均是国际货币，而泰铢和雷亚尔在国际贸易中的使用频率则很低。外汇流动过程中的货币创造与消灭的不对称性和政策应对的滞后性是造成危机的重要原因。因此，我们要按照"十四五"规划和 2035 年远景目标，持续稳慎地推进人民币国际化。人民币的货币供给是相对可控的，而境内人民币业务规模要远远高于境外，因此，建议将跨境人民币业务和外汇业务进行区分，适当放宽对跨境人民币业务的限制，鼓励金融机构和企业不断提高跨境交易中使用人民币的比例。同时，在短期内仍要继续兼顾好外汇管理改革，将其与促进人民币国际化的政策进行衔接，做好平稳过渡。

第4章 结售汇影响银行风险承担水平的微观机制及检验

> 宏观经济学家大多喜欢运用宏观经济因素解释经济复苏，我却想强调微观层面的制度改革在经济复苏中发挥了重要作用。
>
> ——白川方明（Masaaki Shirakawa），日本央行前行长

4.1 理论模型分析

4.1.1 模型的理论直觉

在中国，外汇流入后的结售汇交易是货币创造的主要渠道之一。从结售汇业务链条来看，居民（企业）将外汇出售给银行（从银行买入）会创造（消灭）货币，商业银行再将外汇出售给人民银行（从人民银行买入）则会创造（消灭）基础货币。[①] 以结售汇的业务流程为线索，人民银行、银行和企业（居民）三者的资产负债表变化如图 4.1 所示（以结汇为例，

---

① 读者可能会担心，银行与客户的外汇交易是否会转化为人民银行与银行的外汇交易。从数据来看，自 2010 年有结售汇统计数据以来，商业银行净结售汇规模与人民银行外汇占款的变动保持一致，二者的相关系数达到 0.89，商业银行结售汇与外汇占款存在高度相关关系，反映了银行与人民银行的外汇交易确实与结售汇密切相关。

售汇为逆向过程):① 企业或居民将获得的外汇通过结售汇售予银行,同时获得本国货币;商业银行购买外汇后,由于受到外汇头寸管控的限制需要与人民银行进行平盘,将外汇卖给人民银行后其资产方获得基础货币,同时居民的本国货币作为商业银行的负债存在于其负债方;人民银行资产方则会获得对国外净债权(外汇储备),同时向商业银行投放的基础货币将体现在其负债端。银行资产负债表在结汇过程中会发生膨胀,资产端的准备金(基础货币)和负债端的存款(即货币)同步增长,为银行发放贷款提供了流动性支持。而在售汇时,银行的资产负债表则发生完全相反的变化。

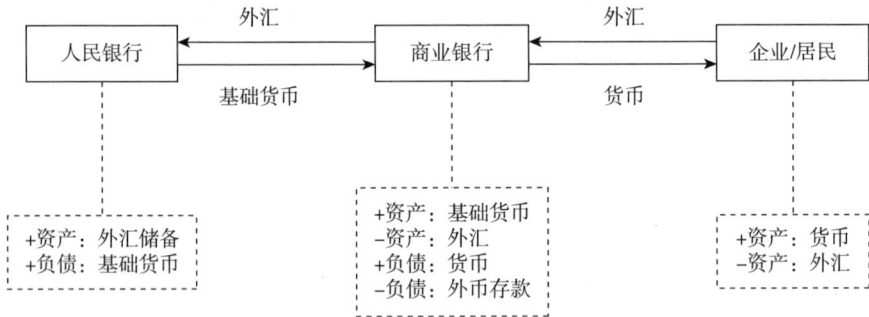

图 4.1　结汇过程对央行、商业银行、企业（居民）资产负债表的影响

此外,由于银行之间存在异质性,结售汇行为对不同规模银行的风险承担能力有不同的影响。大型银行争夺存款的能力远强于中小银行,造成流动性资源分配的不均衡。如图 4.2 所示,企业或居民提供的外汇在不同类型银行通过结售汇转换为存款后,中小银行的存款会进一步流向大型银行,大型银行在本身结售汇数量就较大的情况下,由于更强的存款吸收能力,其存款市场份额会得到进一步提升。这会加剧中小银行的流动性紧张情况,迫使中小银行从大银行拆借资金以满足流动性需要。负债端的影响会传导至资产端,大型银行会趋于保守,将多余的基础货币投放给中小银

———————————

　　① 在此过程中,相关各方会计 T 型账户见附录 A。

行获取稳定的拆借利息收益,而不必追求过高的风险收益;中小银行会通过提高自身的风险承担水平追求更高收益。最终的整体结果是,中小银行选择投资高风险资产,但其本身资本承受能力和风险管理能力不足,对实体经济的支撑作用有限,还可能衍生出一系列风险;大型银行谨慎保守,但其流动性和资本没有得到充分利用,对中小企业下沉服务不足,不利于改善实体经济的融资情况。

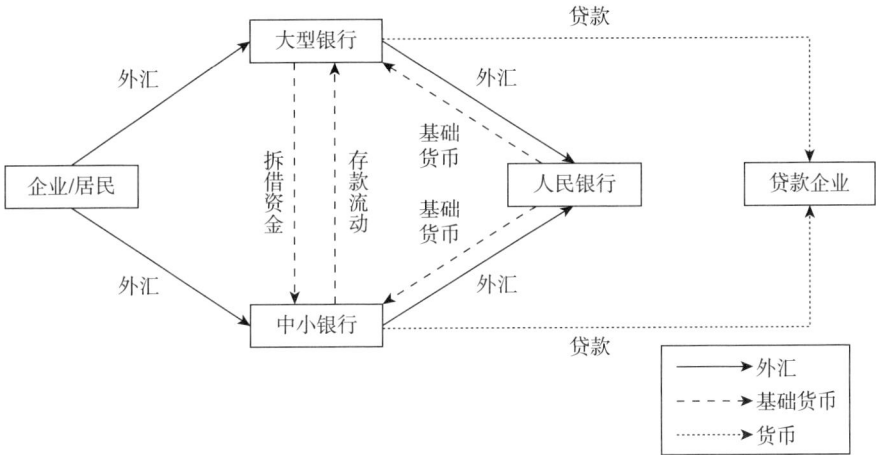

图 4.2　结售汇对不同类型银行的影响

4.1.2　基于银行资产负债表的模型设定

基于理论直觉分析推演,本文分析商业银行在结售汇及后续贷款发放过程中的资产负债表变化,并参考哈希姆和宋铮(Hachem and Song,2021)提出的理论模型,构建了一个三期局部均衡模型。

在模型中:当 T0 时,商业银行通过结售汇创造(消灭)货币;央行向商业银行购买(卖出)外汇,创造(消灭)基础货币,同时银行发放贷款;当 T1 时,央行考核商业银行的流动性水平,银行通过互相拆借或与央行拆借满足流动性考核要求;当 T2 时,银行获得贷款、法定存款准备金和超额存款准备金本息,并支付拆借和存款本息。本文主要研究商业银行的行为，故假设其他市场不变，依据商业银行的主要资产负债表项目，从商业银行自身盈利最大化目标出发构建局部均衡模型，模型参数的详细定义如表4.1所示。

表4.1　模型符号含义及相互关系

变量符号	变量定义	变量相互关系	
		大型银行（标记为1）	中小银行（标记为2）
FX_i	净结汇	$FX_1 > FX_2$	
α_i	存款流动比率①	$\alpha_1 = -(FX_2 + L_2) \times \alpha_2 / (FX_1 + L_1)$	
r_i	法定存款准备金率②	$r_1 = r_2 = r$	
R_r	法定存款准备金利率	$R_r = R_s$	
R_s	超额存款准备金利率③		
R_{Li}	贷款利率	R_{L1}	R_{L2}
R_D	存款利率④	$R_{D1} = R_{D2} = R_D$	
LB_i	银行间净拆借	$LB_1 + CB = LB_2$	
CB_i	中央银行净拆借⑤		
R_{LB}	银行间拆借利率	$R_{LB1} = R_{LB2} = R_{LB}$	
ξ_i	流动性冲击	$\xi_1 = \theta_1 FX_1 = \bar{\theta} FX_1$	$\xi_2 = \theta_2 FX_1 = \bar{\theta} FX_2$
β_{Li}	贷款风险系数	β_1	β_2
ϕ_i	流动性管理成本系数	ϕ_1	ϕ_2
β_{LB}	同业拆借资产风险系数	$\beta_{LB1} = \beta_{LB2} = \beta_{LB}$	
C_i	资本承受能力	$C_1 > C_2$	
η	贷款利率风险敏感系数	$\eta_1 = \eta_2 = \eta$	
R_f	无风险利率	$R_{f1} = R_{f2} = R_f$	

---

① 可以是正数或负数，为正数时代表净流入，为负数时代表净流出，最小值为 -1（即全部流失）。

② 在实际中，大型银行和中小银行的法定存款准备金率略有不同，但二者差异不大。为简化模型推导，本文假设二者相等。从实际效果来看，对结果的影响不大。

③ 法定存款准备金缴纳对银行决策行为影响较小，为简化模型，此处假设其与超额存款准备金利率相同。

④ 大型银行和中小银行存款利率存在差异，但二者差异较小，不影响推导结论，因此，假设二者相等。

⑤ 假设仅有大型银行可以和央行进行拆借交易，且和央行的交易可以是拆出或拆入，$CB > 0$ 或 $CB < 0$ 均可。

目标函数为:

$$\max_{(LB_i, R_{Li}, L_i)} \left[FX_i + L_i - \sum_{-i} \alpha_{-i} (FX_{-i} + L_{-i}) \right] r_i \times R_r + \{ FX_i$$

$$- \sum_{-i} \alpha_{-i} (FX_{-i} + L_{-i}) - \left[FX_i + L_i - \sum_{-i} \alpha_{-i} (FX_{-i} + L_{-i}) \right] r_i$$

$$+ LB_i + CB_i \} \times R_s + L_i \times R_{Li}^2 - \left[FX_i + L_i - \sum_{-i} \alpha_{-i} (FX_{-i} \right.$$

$$+ L_{-i}) \right] R_D^2 - (LB_i + CB_i) R_{LB} - LM_i \qquad (4-1)$$

约束条件为:

$$\sum (FX_i + L_i) \times \alpha_i = 0 \qquad (4-2)$$

$$\sum LB_i + CB = 0 \qquad (4-3)$$

$$FX_i - \sum_{-i} \alpha_{-i} (FX_{-i} + L_{-i}) - \left[FX_i + L_i - \sum_{-i} \alpha_{-i} (FX_{-i} \right.$$

$$+ L_{-i}) \right] r_i + LB_i + CB_i - \xi_i \geqslant 0 \qquad (4-4)$$

$$\beta_L \times L_i + \beta_{LB} LB_i \leqslant C_i \qquad (4-5)$$

$$R_s < R_D < R_{LB} \qquad (4-6)$$

目标函数公式(4-1)中第一项、第二项和第三项分别表示法定存款准备金、超额存款准备金本息和贷款本息收入,第四项、第五项分别表示存款本息支出、同业拆借本息支出(收入),第六项表示流动性管理成本;约束条件中,式(4-2)为存款市场出清条件,即所有的存款转移合计为零;式(4-3)为银行间市场出清条件;式(4-4)为流动性约束条件;式(4-5)为银行资本约束条件;式(4-6)为无套利约束条件,否则银行可通过拆入资金或吸收存款存入超额存款储备金账户套利。

参考 Hachem and Song(2021)的做法,考虑到银行在信贷上的冒险行为会引起监管的关注和约束,比如,若其大量发放贷款造成流动性紧张,会带来监管处罚,银行面临着较大的流动性管理成本,故本书在银行目标函数中引入流动性管理成本因素。流动性管理成本与流动性水平有关。净结汇会增加基础货币,降低整体的流动性压力;发放贷款则会增加存款,导致银行需要缴纳更多法定存款准备金,基础货币的需求会增加,流动性减少。综上所述，结售汇越多、发放贷款越少，银行面临的流动性压力越小，流动性管理成本越低，反之亦然。当流动性无限充足时，管理成本趋近于零；当流动性余额为零时，管理成本达到最大。基于上述分析，不妨假设流动性管理成本为：

$$LM_i = \phi_i \exp\left(-\sum\left[FX_i(1-r_i) - L_i r_i - \xi_i\right]\right) = \phi_i \exp(-LQ^{①})$$

$$(4-7)$$

贷款利率风险定价与风险系数呈正相关关系，可以用贷款利率代表风险偏好的高低。当风险系数为零时，贷款利率为无风险利率，不妨假设贷款利率风险定价公式为：

$$R_L = R_f + \eta \beta_L \qquad (4-8)$$

随着现金的使用频率降低，流动性冲击的设定不再主要关注储户取现的冲击，而主要关注准备金供给和需求冲击。银行资产业务消耗流动性的过程是内生的，主要的外部流动性冲击还是来源于结售汇的影响，故流动性冲击可以表示为随机因子 $\theta^{②}$ 和外汇流入的函数：

$$\xi_i = \theta_i FX_i \qquad (4-9)$$

4.1.3 两家银行时理论模型作用机制

在实务中，市场上存在多家银行，每家银行的资产负债表结构和业务模式特点各不相同。为简化模型，假设市场上仅存在两家银行：一家为大型银行，另一家为中小银行，更加复杂的模型可以在这一模型基础上展开。

在上述参数假设基础上，根据理论模型可以得出如下推论。

推论1：随着外汇流入的增加，银行的风险偏好上升，且大型银行的风险偏好上升速度快于中小银行的上升速度。

---

① LQ 为银行间市场的整体流动性水平，引入 LQ 的目的在于使后续的推导更为简洁。

② θ 是随机变量，期望 $E(\theta) = \bar{\theta}$。

证明：

从附录 B 中的推导可以得到关于 R_{L1} 和 R_{L2} 的非线性二元方程组：

$$R_{L1}^2 - 2 R_f R_{L1} + r \phi_1 \exp\left[- (1 - \bar{\theta})(FX_1 + FX_2) + r\eta\left(\frac{C_1}{R_{L1} - R_f} + \frac{C_2}{R_{L2} - R_f}\right) \right]$$

$$+ R_D^2 + (R_{LB} - R_s)r = 0 \qquad\qquad (4-10)$$

$$R_{L2}^2 - 2 R_f R_{L2} + r \phi_2 \exp\left[- (1 - \bar{\theta})(FX_1 + FX_2) + r\eta\left(\frac{C_1}{R_{L1} - R_f} + \frac{C_2}{R_{L2} - R_f}\right) \right] \cdot$$

$$\exp\left[- (1 - \bar{\theta})(FX_1 + FX_2) + r\eta\left(\frac{C_1}{R_{L1} - R_f} + \frac{C_2}{R_{L2} - R_f}\right) \right]$$

$$+ R_s \alpha_2 + (1 - \alpha_2) R_D^2 + (R_{LB} - R_s)[\alpha_2(1 - r) + r] = 0 \qquad\qquad (4-11)$$

由附录 B 的推导可知：

$$\frac{\partial R_{L1}}{\partial FX_1} = \eta \frac{\partial \beta_1}{\partial FX_1}$$

$$= \frac{(1 - \bar{\theta})\eta r \phi_1 \exp\left[- (1 - \bar{\theta})(FX_1 + FX_2) + r\left(\frac{C_1}{\beta_1} + \frac{C_2}{\beta_2}\right) \right]}{2\eta^2 \beta_1 - r^2 \phi_1 \exp\left[- (1 - \bar{\theta})(FX_1 + FX_2) + r\left(\frac{C_1}{\beta_1} + \frac{C_2}{\beta_2}\right) \right]\left(\frac{C_1}{\beta_1^2} + \frac{\beta_1 C_2 \phi_2}{\beta_2^3 \phi_1}\right)}$$

$$\approx \frac{(1 - \bar{\theta})r \phi_1 \exp\left[- (1 - \bar{\theta})(FX_1 + FX_2) + r\left(\frac{C_1}{\beta_1} + \frac{C_2}{\beta_2}\right) \right]}{2\eta \beta_1} \qquad\qquad (4-12)$$

$$\frac{\partial R_{L2}}{\partial FX_2} = \eta \frac{\partial \beta_2}{\partial FX_2}$$

$$= \frac{(1 - \bar{\theta})\eta r \phi_2 \exp\left[- (1 - \bar{\theta})(FX_1 + FX_2) + r\left(\frac{C_1}{\beta_1} + \frac{C_2}{\beta_2}\right) \right]}{2\eta^2 \beta_2 - r^2 \phi_2 \exp\left[- (1 - \bar{\theta})(FX_1 + FX_2) + r\left(\frac{C_1}{\beta_1} + \frac{C_2}{\beta_2}\right) \right]\left(\frac{\beta_2 C_1 \phi_1}{\beta_1^3 \phi_2} + \frac{C_2}{\beta_2^2}\right)}$$

$$\approx \frac{(1 - \bar{\theta})r \phi_2 \exp\left[- (1 - \bar{\theta})(FX_1 + FX_2) + r\left(\frac{C_1}{\beta_1} + \frac{C_2}{\beta_2}\right) \right]}{2\eta \beta_2} \qquad\qquad (4-13)$$

在非极端情况下，流动性冲击因子期望值 $\bar{\theta}$ 小于1，故式（4-12）和式（4-13）的分子均为正；分母第二项相对于第一项较小，若忽略第二项，式（4-12）和式（4-13）均为正数，即两类银行净结汇的增加均增加各自的风险承担水平。

为比较大型银行和中小银行对结售汇的敏感度，用式（4-12）除以式（4-13）得到，

$$\frac{\partial R_{L1}/\partial FX_1}{\partial R_{L2}/\partial FX_2} = \frac{\partial \beta_1/\partial FX_1}{\partial \beta_2/\partial FX_2}$$

$$\approx \frac{(1-\bar{\theta})r\,\phi_1\exp\left[-(1-\bar{\theta})(FX_1+FX_2)+r\left(\frac{C_1}{\beta_1}+\frac{C_2}{\beta_2}\right)\right]/2\eta\,\beta_1}{(1-\bar{\theta})r\,\phi_2\exp\left[-(1-\bar{\theta})(FX_1+FX_2)+r\left(\frac{C_1}{\beta_1}+\frac{C_2}{\beta_2}\right)\right]/2\eta\,\beta_2} = \frac{\phi_1}{\phi_2}\frac{\beta_2}{\beta_1}$$

$$(4-14)$$

大型银行和中小银行受到的流动性惩罚系数 ϕ_1 和 ϕ_2 之间的差异远远小于 β_1 和 β_2 之间的差异，故 $\frac{\partial R_{L1}/\partial FX_1}{\partial R_{L2}/\partial FX_2}$ 的值一般大于1。因此，随着净结汇的增加，大型银行风险偏好的上升速度快于中小银行的上升速度；反之，随着净结汇减少，大型银行风险偏好的下降速度也会快于中小银行的下降速度。

这意味着相对中小银行，大型银行对于结售汇的增加更敏感。在净结汇增加时，中小银行的流动性紧张得到缓解，大型银行投放贷款的收益会高于对中小银行进行拆借的收益，其风险承担水平会相应提升。而在净结汇收窄后，中小银行面临更严重的流动性压力，大型银行会更偏好银行间拆借，其信用收缩也较中小银行更为严重。

推论2：流动性冲击的不确定性越大，即银行需要准备的用于预防流动性冲击的基础货币越多，银行的风险偏好越低，且结售汇对风险偏好的作用越不显著。

证明：

在前文的模型设定中，使用流动性冲击系数 θ 的期望 $\bar{\theta}$ 作为银行面临的流动性冲击。而在实践中，无论是监管机构还是银行管理层往往会要求银行的流动性水平能够经受极端流动性冲击。流动性要求的规定比较复杂，为了便于在模型中分析，在模型中设定 $\bar{\theta}$ 会变大。①

附录 B 中已经得到了 $\dfrac{\partial R_{L1}}{\partial \theta}$ 和 $\dfrac{\partial R_{L2}}{\partial \theta}$ 的计算公式，可以看到，在正常参数范围内二者均为负值，即当流动性冲击增大时，大型银行和中小银行的风险偏好水平都会下降。

在证明 H1 的过程中已经得到了 $\dfrac{\partial R_{L1}}{\partial FX_1}$ 和 $\dfrac{\partial R_{L2}}{\partial FX_2}$ 的表达式，在正常参数范围内二者均为正值。但也要看到，$\dfrac{\partial R_{L1}}{\partial FX_1}$ 和 $\dfrac{\partial R_{L2}}{\partial FX_2}$ 的正负与 $\bar{\theta}$ 相关，在流动性波动比较大的情况下，$(1 - \bar{\theta})$ 可能为负，此时 $\dfrac{\partial R_{L1}}{\partial FX_1}$ 和 $\dfrac{\partial R_{L2}}{\partial FX_2}$ 就变为负数。

进一步计算 $\bar{\theta}$ 对二者的影响，将 $\dfrac{\partial R_{L1}}{\partial FX_1}$ 和 $\dfrac{\partial R_{L2}}{\partial FX_2}$ 分别对 $\bar{\theta}$ 求导，就可以分析流动性冲击如何影响外汇流入对风险偏好的敏感度。附录 B 中已经推导得到 $\dfrac{\partial^2 R_{L1}}{\partial FX_1 \partial \theta}$ 和 $\dfrac{\partial^2 R_{L2}}{\partial FX_2 \partial \theta}$ 的表达式：

$$
\begin{aligned}
&\frac{\partial^2 R_{L1}}{\partial FX_1 \partial \bar{\theta}} \\
&= \frac{-2\eta^3 r \phi_1 \beta_1 \exp(LQ)\left\{ 1 - (1 - \bar{\theta})\left[(FX_1 + FX_2) - r\left(\dfrac{C_1}{\beta_1^2} + \dfrac{C_2 \beta_1 \phi_2}{\beta_2^3 \phi_1} \right)\dfrac{\partial \beta_1}{\partial \bar{\theta}} \right] \right\}}{\left[2\eta^2 \beta_1 \exp(LQ) - r^2 \phi_1\left(\dfrac{C_1}{\beta_1^2} + \dfrac{\beta_1 C_2 \phi_2}{\beta_2^3 \phi_1} \right) \right]^2}
\end{aligned}
$$

$$(4-15)$$

---

① 《商业银行流动性风险管理办法》中有诸如做好融资安排、资产处置等要求，这些要求可以转换为模型中银行面临更大的 θ 冲击。当然，也可以通过随机方法模拟冲击的情况。此时，就不能再使用 θ 的期望，而是应该采用数值模拟方式计算出模拟 θ 值，即通过生成随机数的方式模拟流动性需要经受住冲击的情况。后文也做了相应的程序模拟分析。

$$\frac{\partial^2 R_{L2}}{\partial FX_2 \partial \theta}$$

$$= \frac{-2\eta^3 r \phi_2 \beta_2 \exp(LQ)\left\{1-(1-\bar{\theta})\left[(FX_1+FX_2)-r\left(\frac{\beta_2 C_1 \phi_1}{\beta_1^3 \phi_2}+\frac{C_2}{\beta_2^2}\right)\frac{\partial \beta_2}{\partial \theta}\right]\right\}}{\left[2\eta^2 \beta_2 \exp(LQ)-r^2 \phi_2 \left(\frac{\beta_2 C_1 \phi_1}{\beta_1^3 \phi_2}+\frac{C_2}{\beta_2^2}\right)\right]^2}$$

$$(4-16)$$

$\frac{\partial^2 R_{L1}}{\partial FX_1 \partial \theta}$ 和 $\frac{\partial^2 R_{L2}}{\partial FX_2 \partial \theta}$ 的数值和 $\bar{\theta}$ 有很大的关系。当流动性冲击较大时，即 $\bar{\theta}>1$，分子括号中第二项和第三项均为正数，此时 $\frac{\partial^2 R_{L1}}{\partial FX_1 \partial \theta}$ 和 $\frac{\partial^2 R_{L2}}{\partial FX_2 \partial \theta}$ 均小于零，即随着流动性冲击变大，银行风险承担能力对净结汇敏感度下降，结售汇与银行风险偏好之间的正相关关系可能不再显著。

通过上述分析可以看到，当银行面临较大的流动性冲击时，其风险偏好可能不会随外汇流入的增加而增加，且增加的速度也会随着冲击的变大而变小，最终的影响存在较大的不确定性。因此，当整个金融系统处在危机时期，银行面临较大不确定性而囤积流动性时，其风险偏好会趋于保守，这也会导致社会信用的快速收缩，企业面临较大的融资压力。这也可以从另一个角度解释，在一些新兴市场国家出现较大规模的资本外流时，银行的信贷供给会出现明显的下降，从而对经济造成比较大的冲击。

推论 3：当外汇流入 FX_1 和 FX_2 较大时，若 α_2 为正数[①]，则大型银行的风险偏好低于中小银行的风险偏好，且 α_2 越大，二者的差距越大；若 α_2 为负数，在流动性水平较高的情况下，大型银行的风险偏好高于中小银行的风险偏好；若 α_2 为零，在流动性水平较高的情况下，大型银行和中小银行的风险偏好将趋同。

---

① 如前文定义，α_2 为正数，代表中小银行的存款向大型银行转移；α_2 为零，代表相互之间无存款转移；α_2 为负数，代表大型银行存款向中小银行转移。

证明：

将式（4－10）和式（4－11）两个公式相减，整理后得到，

$$R_{L1} - R_{L2} = \alpha_2 [rR_s + (1-r)R_{LB} - R_D^2] - r(\phi_1 - \phi_2) \cdot$$

$$\exp\left[-(1-\bar{\theta})(FX_1 + FX_2) + r\eta\left(\frac{C_1}{R_{L1} - R_f} + \frac{C_2}{R_{L2} - R_f}\right)\right] /$$

$$(R_{L1} + R_{L2} - 2R_f) \approx \frac{\alpha_2[R_{LB} - R_D^2]}{R_{L1} + R_{L2} - 2R_f} \tag{4-17}$$

对分母而言，由于风险系数 β 大于零，故 R_{L1} 和 R_{L2} 均大于 R_f，因此，分母大于零。对分子第二项，当流动性较高时，基本趋近于零。当 α_2 为正数时，对分子的第一项而言，R_{LB} 和 R_s 的差一般很小①，简化后的公式右边为 $\alpha_2(R_{LB} - R_D^2)$。R_{LB} 和 R_D 差距也不大，一般情况下 $R_{LB} < R_D^2$，故第一项为负；当流动性较高时，分子的第二项趋近于零，故 $R_{L1} < R_{L2}$，即 $\beta_1 < \beta_2$。当 α_2 为负数时，分子为正数，故 $R_{L1} > R_{L2}$，即 $\beta_1 > \beta_2$。当 α_2 为零时，则 R_{LB} 和 R_s 趋近于相同。

这意味着，中小银行通过结售汇和贷款创造的存款会流向大型银行，导致中小银行本就紧张的流动性更加稀缺，而大型银行则有较大的流动性盈余，但大型银行多余的流动性并不能有效转换为更高的风险偏好，而是拆借给中小银行或者央行，中小银行则不得不通过提高风险偏好获得更高的利润。

4.2　实证分析部分

4.2.1　实证假设

为验证理论模型的准确性，根据理论模型推导得到的三个结论，结合

---

① 银行间拆借利率是中央银行的重要目标利率，各国央行一般会采用利率走廊等方式，保证政策利率和银行间市场利率差距不会过大。

现实中数据来源的可得性和研究方法的可行性，提出了以下几个假设。

H1：银行风险承担水平与净结汇规模呈正相关关系，且总净结汇水平和经常项目净结汇水平与风险承担的关系显著，而资本项目净结汇水平与风险承担的关系不显著。

H1 结合了推论 1 和推论 2 的部分内容。对资本项目而言，随着沪港通、沪伦通、债券通等政策的落地推出，境内外资本市场的联通越来越紧密，包括证券投资在内的资本项目的结售汇波动也越来越剧烈，导致资本项目带来的流动性冲击越来越大。[①] 当冲击足够大时，结售汇创造的流动性将会被银行囤积起来而非用于货币创造，风险偏好和净结汇的关系就不再显著。

H2：银行风险承担水平与净拆出资金呈负相关关系。

H2 主要反映了推论 3 的内容。由于存款流动在实践中很难被直接观察到，因此，在实证中采用净拆出资金作为存款流动的代理变量[②]，其背后的逻辑在于：存款流入更多的银行其流动性更为充裕，会有多余的基础货币用于拆借，故净拆出与风险承担水平应是呈负相关关系。研究存款分配情况对于银行风险承担水平的影响，可以更好地验证结售汇对不同银行的异质性影响。

H3：净结汇对大型银行风险承担水平的影响大于对中小银行的影响，而净拆出资金对大型银行的影响则小于对中小银行的影响。

H3 主要反映了推论 1 和推论 3 的部分内容。在实证中，采用交叉乘积项的方式对大型银行和中小银行进行比较，可以看出大型银行和中小银行是否存在理论模型中预测的差异。

4.2.2　数据来源与说明

各家银行 2011—2018 年的季度财务数据来自 Wind 数据库；结售汇数

---

① 本书样本中资本项目和经常项目结售汇占生息资产比重的变异系数分别为 16.46 和 5.23，可见，资本项目波动确实远高于经常项目波动。

② 更为精确的代理变量应为银行的平均超额存款准备金水平，但各银行均不披露该指标。

据来自 2011—2018 年的国家外汇管理局结售汇统计月报。样本中包含了结售汇规模较大且数据比较完整的 10 家银行①，这 10 家银行的结售汇总量占 2011 年年末所有金融机构结售汇总量的 76.17%，占 2018 年年末结售汇总量的 68.34%，且 10 家银行涵盖了国有大型银行和主要中小股份制银行，两类银行的结售汇交易也具有鲜明特点②，基本能够代表各自主要特征。此外，由于 2013 年中国银监会实施了新的《商业银行资本管理办法》，对加权风险资产和资本净额的计算方法有了较大的调整，因此，加入了 2013 年虚拟变量以控制这种差异。各变量定义及描述性统计如表 4.2 所示。

表 4.2　各变量计算取值方式及描述性统计

变量名称	变量定义	变量计算及取值方式	观察值	平均值	标准差	最小值	最大值
risk	风险加权资产占比	风险加权资产/生息资产	320	0.63	0.06	0.52	0.78
logat	总资产	总资产的对数	320	29.60	0.83	27.71	30.97
capr	资本水平	资本充足率	320	0.127	0.014	0.095	0.172
ndlob	净拆出资金	(拆出资金 + 买入返售资产 - 拆入资金 - 卖出回购负债) /生息资产	320	0.04	0.05	- 0.04	0.25
big	大型银行虚拟变量	若为工、农、中、建、交五行，则取值为1，其他银行取值为0	320	0.50	0.50	0.00	1.00
c2013	时间虚拟变量	2013 年（含）以后为1，之前为0	320	0.75	0.43	0	1
netfxr	结售汇规模	结售汇净额/总资产，计算净额时，结汇为正数，售汇为负数	320	0.0012	0.0073	- 0.0242	0.0339

①　这 10 家银行为中国工商银行、中国农业银行、中国银行、中国建设银行、交通银行、中信银行、招商银行、华夏银行、上海浦东发展银行、中国民生银行。

②　样本中，大型银行净结汇占生息资产比均值为 0.0033，而中小银行的均值为 - 0.0010，二者在结售汇交易方向、大小上有明显区别。

续表

变量名称	变量定义	变量计算及取值方式	观察值	平均值	标准差	最小值	最大值
netcapfxr	资本项目结售汇规模	资本项目结售汇净额/生息资产	320	0.0001	0.0025	−0.0167	0.0135
netcurfxr	经常项目结售汇规模	经常项目结售汇净额/生息资产	320	0.0013	0.0065	−0.0246	0.0325
CoVaR	系统性风险水平	采用刘孟儒和沈若萌（2019）提出的方法进行计算	320	0.63	0.06	0.52	0.78

4.2.3 实证模型及结果

4.2.3.1 不同类型结售汇业务对银行风险承担水平的影响及稳健性检验

衡量银行风险承担水平的主要指标种类较多，既包括风险加权资产占比、Z值、不良贷款率、贷款损失准备占贷款总额比例等依据财务数据计算的指标，也包括阿德里安和布鲁内梅尔（Adrianand Brunnermeire，2016）提出的 CoVaR 和阿查里亚等（Acharya et al.，2017）提出的 SES 等系统性风险水平指标。上述指标中，风险加权资产占比能够比较全面地反映银行各类资产的风险情况，且监管对风险加权资产的计算有比较严格的约束，主观调整的空间较小，其问题在于各家银行的模型可能会略有不同；Z值常用来衡量破产风险，需要用到利润相关数据（如 ROA）和资产负债表中相关数据（如杠杆率），其优势在于数据易于获取，但由于监管机构对银行风险抵补水平有逆周期调节的要求[①]，受此影响，银行利润可能会趋于平滑，导致用来计算 Z 值的 ROA 标准差过小，造成商业银行的破产风险被低估，计算出的 Z 值是否能准确反映银行风险承担水平有待商榷，张雪兰

---

① 例如，《商业银行资本管理办法（试行）》规定，"特定情况下，商业银行应当在最低资本要求和储备资本要求之上计提逆周期资本"。

和何德旭（2012）也曾对此提出质疑；不良贷款率是对银行不良贷款情况的整体反映，也是一种对银行风险承担水平进行测度的方式，其问题在于，不良贷款依据贷款五级分类标准划分，易受主观判断影响，且不良贷款暴露存在一定的滞后性，其更多反映的是银行前期风险承担水平的情况，对非信贷资产（如债券）也不能完全反映风险承担状况；贷款损失准备占贷款总额的比例反映风险承担水平的原因在于：银行多计提贷款损失准备反映了其风险承担的意愿，但在实践中，银行在计提准备金时会综合考虑宏观经济、盈利情况和监管政策等多种因素，其作为风险承担水平代理变量的准确性不高；系统性风险指标可以充分利用股价或风险指标等信息，从金融市场投资者的视角对银行的风险水平进行评估，其结果客观且市场化，张晓明和李泽广（2017）、刘孟儒和沈若萌（2019）的研究均证明，CoVaR 能够很好地反映银行的风险水平，但其针对非上市银行风险水平的分析效果不佳。

综合上述分析，本书选取风险加权资产占比作为测度风险承担水平的指标，并用系统性风险指标 CoVaR 作为稳健性检验时的因变量。结售汇数据（FX）分别使用：（1）总结售汇规模（netfxr）；（2）资本项目结售汇规模（netcapfxr）；（3）经常项目结售汇规模（netcurfxr）。控制变量的选择参考了徐明东和陈学彬（2012）提出的模型，对规模、资本等银行指标进行控制。回归模型如下：

$$risk_{it} = \alpha_0 + \alpha_1 L. risk_{it} + \alpha_2 logat_{it} + \alpha_3 capr_{it}$$
$$+ \alpha_4 ndlob_{it} + \alpha_5 c2013_t + \alpha_6 FX_{it} + \varepsilon_{it} \qquad (4-18)$$

如果模型中使用了被解释变量的滞后项，则会带来内生性问题，因此，本书使用了系统广义矩估计（system generalized method of moments，system GMM）的方法予以克服。系统广义矩估计方法是由阿雷拉诺和邦德（Arellano and Bond，1991）、布伦德尔和邦德（Blundell and Bond，1998）提出的估计方法，该方法广泛应用于各种动态面板的回归中，已经被证明能够比较好地克服内生性问题。

在上述变量中，净拆出资金与风险承担水平是否存在反向因果关系，从而引起内生性问题并最终影响估计结果呢？从机制上来分析，二者存在反向因果关系的可能性不大，具体原因在于：（1）根据风险加权资产计算规则，只有资产才需计算风险权重，负债没有风险权重，净拆出资金是资产和负债的差额，风险承担水平间接对净拆借产生影响；（2）拆借资金的体量远远小于其他风险资产①，整体风险承担能力的影响有限，以本文中使用的 10 家样本银行的数据为例，拆出资金和买入返售资产之和的平均值仅占贷款平均资产的 9.02%，风险承担水平与净拆借资金之间的反向因果关系可能远远弱于其与贷款的因果关系；（3）根据笔者对商业银行从事资产负债管理业务的人员的访谈结果，净拆借资金更多是作为流动性调节的工具，用于在流动性紧张（宽松）时借入（借出）资金以调节资产负债表，对风险指标的考虑较少，在商业银行负债管理实践中也缺乏基础。此外，本节还采用统计推断来辅助判断二者的反向因果关系②。对于统计推断一般采用格兰杰因果关系检验，而针对面板数据则使用杜米特雷斯库和赫尔林（Dumitrescu and Hurlin，2012）提出的 DH 检验法。表 4.3 给出了不同情境下的 DH 检验结果，除了极少情境下③，检验结果都不能拒绝原假设：风险承担水平不是净拆借资金的格兰杰原因。因此，在统计意义上，二者的反向因果关系不显著。这也进一步验证了二者之间的反向因果关系较弱。当然，上述分析也不能绝对排除二者的反向因果关系，为进一步减少这种担忧，也采用系统广义矩估计方法对其内生性进行克服。

---

① 根据《商业银行资本管理办法（试行）》第 61 条的规定，"商业银行对我国其他商业银行债权的风险权重为 25%，其中原始期限 3 个月以内（含）债权的风险权重为 20%。以风险权重为 0% 的金融资产作为质押的债权，其覆盖部分的风险权重为 0%"。

② 虽然统计意义上的因果关系与经济意义上的因果关系不能完全等同，但结合机制分析可以将统计检验的结果作为判断的依据之一。

③ 主要是针对 CoVaR 变量的非 bootstrap 方法下的结果，但在样本较小的情况下，采用 bootstrap 方法的结果更稳健。

表 4.3 净拆出资金与不同风险承担水平指标的 DH 检验结果

滞后项选择标准		$\bar{Z}$			$\tilde{Z}$		
		AIC	BIC	HQIC	AIC	BIC	HQIC
risk	non - bootstrap	0.8404 (0.4007)	0.1637 (0.8700)	0.8404 (0.4007)	0.4768 (0.6335)	-0.0073 (0.9942)	0.4768 (0.6335)
	bootstrap	0.8404 (0.4620)	0.1637 (0.8940)	0.8404 (0.4760)	0.4768 (0.6500)	-0.0073 (0.9980)	0.8404 (0.6180)
CoVaR	non - bootstrap	3.6342 (0.0003)	-0.5081 (0.6114)	3.6342 (0.0003)	-0.1451 (0.8846)	-0.5927 (0.5534)	-0.1451 (0.8846)
	bootstrap	3.6342 (0.4660)	-0.5081 (0.7060)	3.6342 (0.4900)	-0.1451 (0.8400)	-0.5927 (0.6180)	-0.1451 (0.8340)

注: 1. 不带括号的数值为统计检验值, 括号内为统计检验值对应的 p 值;

2. AIC、BIC、HQIC 分别为赤池信息准则、贝叶斯信息准则、HQ 信息准则;

3. Non - bootstrap 和 bootstrap 分别代表是否采用 bootstrap 方法计算检验临界值。

采用 GMM 对上述方程进行回归得到的结果如表 4.4 所示。

表 4.4 风险加权资产占比影响因素回归结果

变量名称	(1) 总结售汇	(2) 资本项目	(3) 经常项目	(4) 总结售汇	(5) 资本项目	(6) 经常项目
L. risk	0.594 *** (3.91)	0.574 *** (3.75)	0.580 *** (3.56)	0.573 *** (3.82)	0.588 *** (3.70)	0.549 *** (3.36)
logat	-0.0468 (-1.55)	-0.027 (-0.57)	-0.0514 * (-1.92)	-0.0448 (-1.57)	-0.0308 (-0.69)	-0.0474 * (-1.90)
roa	0.144 (0.10)	-0.631 (-0.44)	0.239 (0.17)	0.156 (0.11)	-0.489 (-0.32)	0.209 (0.15)
capr	0.144 (0.10)	-0.631 (-0.44)	0.239 (0.17)	0.156 (0.11)	-0.489 (-0.32)	0.209 (0.15)
ndlob	-0.633 *** (-3.11)	-0.567 * (-2.00)	-0.618 *** (-3.29)	-0.606 *** (-2.76)	-0.642 *** (-3.03)	-0.570 *** (-2.84)
c2013	0.0945 *** (4.76)	0.084 (1.74)	0.101 *** (4.96)	0.0979 *** (5.11)	0.0888 ** (2.06)	0.104 *** (5.25)

续表

变量名称	(1) 总结售汇	(2) 资本项目	(3) 经常项目	(4) 总结售汇	(5) 资本项目	(6) 经常项目
FX	2.273**	5.624	2.470***	1.537**	4.854	1.483**
	(2.53)	(1.54)	(2.65)	(2.05)	(1.54)	(2.24)
常数项	1.432**	1.000	1.555***	1.402**	1.064	1.487***
	(2.08)	(0.84)	(2.61)	(2.20)	(0.96)	(2.75)
控制季度变量	是	是	是	是	是	是
控制结售汇滞后项	否	否	否	是	是	是
AR(1)	0.027	0.016	0.033	0.037	0.040	0.053
AR(2)	0.105	0.185	0.091	0.116	0.394	0.137
Sargan检验	0.388	0.220	0.379	0.315	0.193	0.341
N	320	320	320	310	310	310

注：1. *p<0.10，**p<0.05，***p<0.01，本章下同。

2. 自回归检验、Sargen检验均给出p值，本章下同。

3. 表中所有回归均采用稳健标准误，本章下同。

4. 表中回归分析使用的工具变量数量均为12个。

在上述回归结果中，银行规模与风险承担水平之间的负相关关系比较稳定，这表明规模越大的银行，风险偏好选择越保守，这也与现实中大型银行信贷风险偏好更为保守的情况相符。ROA与风险加权资产占比之间有较为稳定的正相关关系，这表明较好的盈利水平可以提升银行的风险承担能力。资本充足率的回归系数不稳定且不显著，这与徐明东和陈学彬（2012）得出二者之间呈负相关关系的结论有一定差异，可能的原因在于徐明东和陈学彬（2012）使用的样本数据时间范围在2010年以前，彼时资本充足率高的银行信贷行为更为审慎。而近几年来银行业竞争越来越激烈，资本充足率较高的银行会倾向于充分利用自身资本，提高风险承担水平以获取更高利润。在这种机制下，资本充足率和风险承担行为之间的关系会逐渐模糊。时间虚拟变量系数显著为正，这是由于2012年出台的《商业银行资本管理办法（试行）》要求从2013年起，商业银行需要严格规范风险加权资产的计算，实质上提高了风险加权资产计算结果。①

从表4.4中（1）～（3）项的结果来看，总净结汇和经常项目净结汇的回归系数显著为正，资本项目净结汇也为正，但不显著。对统计结果显著的总净结汇和经常项目净结汇，一个标准差的变动，会使得风险加权资产占比分别变化1.7个和1.6个百分点，相当于样本中风险加权资产平均波动的30%左右。进一步比较二者可以发现，经常项目净结汇的统计显著度和经济显著度均高于总净结汇，这也证明结售汇对银行信贷行为的影响主要体现在经常项目上。净拆出资金的回归系数稳定且显著为负，一个标准差的变动导致加权风险资产变化约 −3.0 个百分点，即风险加权资产平均波动的 −50% 左右。（4）～（6）项为控制净结汇变量的滞后项的结果，结果也基本一致。这一回归结果验证了 H1 和 H2 成立：总净结汇和经常项目净结汇对风险偏好有较为显著的正向影响，而净拆出资金则为负向影响；资本项目净结汇对风险承担水平的影响因其波动更大②而不显著。

4.2.3.2　采用不同方式对内生性进行克服

为了提高结果的说服力，需要对回归的内生性问题进行进一步分析。在前文的回归分析中，笔者已经使用了系统广义矩估计来克服被解释变量一阶滞后项带来的内生性问题，但结售汇变量同样存在内生性：结售汇交易代表了企业的经营状况，企业自身的变化也可能导致银行对企业前景判断更为乐观而更勇于承担风险。针对这一问题，本书主要采用两种方式进行进一步验证。

一是分析外汇贷款与结售汇的关系。由于结售汇行为本身就代表了企业（主要是外贸企业）的现金流状况，如果风险承担水平确实是企业自身

---

① 比较各家银行 2013 年的年报中披露的用两种方法计算的资本充足率，按照《商业银行资本管理办法》计算的结果明显更低。

② 资本项目结售汇变异系数（标准差/均值）为 56.26，远高于总体结售汇变异系数 3.90 和经常项目结售汇变异系数 3.56。

主导的,应该能观察到外汇贷款①趋势的相应变化。② 采用金融机构总外汇贷款和总净结汇进行观察(见图4.3),发现这两个指标的相关系数为 -0.002,二者从统计上几乎没有相关关系。此外,外汇贷款在总贷款中的比例占比很低③,即使外贸企业资质改变对银行风险承担水平的影响效应确实存在,这种作用也不足以影响银行整体的风险承担水平。综合上述分析,可以认为企业现金流改善不是结售汇影响银行风险承担水平的主要原因。

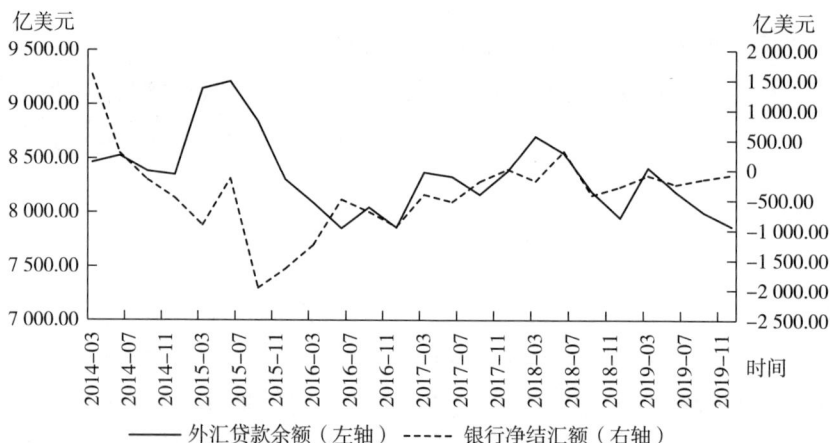

图4.3 外汇贷款与银行净结汇额关系

二是引入工具变量。本书采用各家银行"向中央银行负债"科目作为工具变量,其依据在于:一方面,向央行借款是银行获取基础货币的一种补充方式,其与净结汇呈高度负相关关系④;另一方面,央行对银行的借款作为一种流动性支持的货币政策工具,更多与央行的货币政策操作目标

---

① 包括贸易融资产品,例如信用证、保函、福费廷、保理、押汇等。
② 最为直接的观测指标是外币贷款风险加权系数的变化。但由于各家银行一般不公开披露这些信息,只能退而求其次,观察外汇贷款与银行净结汇的关系。
③ 2019年年末,外汇贷款总额(按平均汇率折算为人民币后)为人民币贷款总额的3.6%。
④ 经计算,2011—2018年,央行对存款性金融机构的借款(银行向央行借款的镜像)与累计净结汇的相关系数为 -0.84,二者呈高度负相关关系。

有关，其与商业银行日常的经营，特别是风险承担水平的关系相对不大，具有良好的外生性特点，回归的 C 统计量结果也显示其具有良好外生性。引入"向中央银行借款"[①] 作为工具变量后得到的结果如表 4.5 所示。从结果看，工具变量的加入并不改变结果的方向和稳健性。[②]

表 4.5　使用工具变量后风险加权资产占比影响因素回归结果

变量名称	（1） 总结售汇	（2） 资本项目 结售汇	（3） 经常项目 结售汇	（4） 总结售汇	（5） 资本项目 结售汇	（6） 经常项目 结售汇
L. risk	0.872 ***	0.902 ***	0.861 ***	0.848 ***	0.979 ***	0.834 ***
	(9.48)	(9.34)	(10.74)	(9.14)	(8.55)	(9.80)
logat	− 0.0258	− 0.0388	− 0.0189	− 0.0114	− 0.0299	− 0.00688
	(− 1.49)	(− 1.25)	(− 0.86)	(− 0.51)	(− 0.83)	(− 0.25)
roa	7.813	19.87	2.853	2.37	16.73	(1.94)
	(1.01)	(1.61)	(0.37)	(0.27)	(1.03)	(− 0.19)
capr	1.502 ***	2.122 *	1.252 **	1.058	0.651	1.083
	(3.12)	(1.70)	(2.00)	(1.15)	(0.52)	(1.19)
ndlob	− 0.337 *	− 0.475	− 0.227	− 0.268	− 0.511	− 0.154
	(− 1.88)	(− 1.01)	(− 1.38)	(− 1.13)	(− 1.00)	(− 0.58)
c2013	0.0572 ***	0.0634 **	0.0502 ***	0.0465 ***	0.0557 *	0.0396 **
	(4.28)	(2.00)	(4.06)	(3.24)	(1.86)	(2.23)
FX	4.174 **	13.90	4.856 **	4.425 **	6.607	4.825 **
	(2.01)	(0.93)	(2.26)	(2.10)	(0.51)	(2.24)

---

① 需要注意的是，工商银行实质上"向中央银行的借款"并非主要簿记在"向中央银行借款"这一科目中，其绝大部分簿记在"卖出回购金融资产款"科目中，故工商银行的这一数据不能直接使用报表科目。笔者主要采用了《中国金融统计年鉴》中的"大型银行向中央银行借款"这一统计数据（此项目中工行的数据为其实际数据），扣除农行、中行、建行、交行、邮储银行、国开行 6 家银行的数据后间接得到。其中，国开行的数据又是通过人民银行定期披露的"大型银行向中央银行人民币借款"（此统计项目中，工行的数据仍使用的是其账面数据）倒推计算出来的。这里本文做了一个假设，人民银行对国开行的外币借款数量不大。从国开行目前为止仅披露的 2018 年、2019 年年报数据来看，这一假设也基本和事实相符。

② 净拆出资金变量的回归系数显著性略有降低，这可能是由于工具变量的引入减少了该变量的部分内生性。

续表

变量名称	（1） 总结售汇	（2） 资本项目 结售汇	（3） 经常项目 结售汇	（4） 总结售汇	（5） 资本项目 结售汇	（6） 经常项目 结售汇
常数项	0.551 (1.34)	0.686 (0.95)	0.448 (0.92)	0.266 (0.55)	0.600 (0.77)	0.188 (0.31)
控制季度变量	是	是	是	是	是	是
控制结售汇滞后项	否	否	否	是	是	是
AR（1）	0.008	0.086	0.007	0.038	0.201	0.018
AR（2）	0.236	0.514	0.070	0.508	0.640	0.205
Sargan 检验	0.698	0.554	0.682	0.785	0.385	0.797
N	310	310	310	300	300	300

注：表中回归分析中使用的工具变量数量均为 20 个。

4.2.3.3 稳健性检验

将因变量更换为 CoVaR 及其差分 ΔCoVaR。对于 CoVaR 仍然采用类似的估计模型，对于 ΔCoVaR 而言，由于无滞后项，则采用固定效应模型，两个模型如下：

$$CoVaR_{it} = \alpha_0 + \alpha_1 L.CoVaR_{it} + \alpha_2 logat_{it}$$
$$+ \alpha_3 capr_{it} + \alpha_4 ndlob_{it} + \alpha_5 FX_{it} + \varepsilon_{it} \quad (4-19)$$

$$\Delta CoVaR_{it} = \alpha_0 + \alpha_1 logat_{it} + \alpha_2 capr_{it}$$
$$+ \alpha_3 ndlob_{it} + \alpha_4 FX_{it} + \alpha_i + \varepsilon_{it} \quad (4-20)$$

得到的结果如表 4.6 所示。

表 4.6　CoVaR 和 ΔCoVaR 影响因素回归结果

变量名称	CoVaR			ΔCoVaR		
	（1） 总结售汇	（2） 资本项目 结售汇	（3） 经常项目 结售汇	（4） 总结售汇	（5） 资本项目 结售汇	（6） 经常项目 结售汇
L.CoVaR	0.480 *** (6.69)	0.397 (1.22)	0.431 *** (6.27)	—	—	—
logat	−0.0138 (−1.10)	−0.0104 (−0.67)	−0.0136 (−1.23)	−0.00302 * (−2.05)	−0.00506 *** (−3.36)	−0.00335 * (−2.17)

续表

变量名称	CoVaR			ΔCoVaR		
	（1） 总结售汇	（2） 资本项目 结售汇	（3） 经常项目 结售汇	（4） 总结售汇	（5） 资本项目 结售汇	（6） 经常项目 结售汇
roa	1.756 （0.77）	2.917 （1.07）	1.244 （0.67）	−0.839 （−1.38）	−1.059 （−1.77）	−0.829 （−1.43）
capr	−1.191** （−2.16）	−1.450** （−2.39）	−1.067** （−2.06）	−0.0117 （−0.20）	−0.0322 （−0.51）	−0.00984 （−0.17）
ndlob	−0.154** （−1.98）	−0.213 （−1.58）	−0.135** （−2.33）	−0.0417** （−2.68）	−0.0444** （−2.72）	−0.0422** （−2.74）
FX	2.178*** （6.19）	2.345 （1.02）	2.206*** （6.21）	0.460*** （4.59）	0.200 （0.50）	0.646*** （5.31）
常数项	0.530* （1.74）	0.458 （1.22）	0.507* （1.95）	0.0862 （1.71）	0.152** （2.79）	0.0953* （1.90）
控制季度变量	是	是	是	是	是	是
控制结售汇滞后项	是	是	是	是	是	是
AR（1）	0.016	0.021	0.004	—	—	—
AR（2）	0.248	0.895	0.118	—	—	—
Sargan 检验	0.615	0.623	0.703	—	—	—
N	310	310	310	310	310	310

注：表中（1）～（3）项分析使用的工具变量数量均为20个。

回归结果表明，无论是采用 CoVaR 还是 ΔCoVaR，无论是采用系统广义矩估计还是固定效应模型，结果均与使用风险加权资产为因变量时一致，即总结售汇规模和经常项目的结售汇规模对银行提高风险偏好有显著正面影响，资本项目结售汇规模回归系数为正，但不显著。此外，银行净拆借资金也同 CoVaR 和 ΔCoVaR 保持稳定的负相关关系。

为更进一步比较大型银行和中小银行之间的差异，在模型中加入大型银行虚拟变量、净拆借资金和结售汇规模的交叉乘积项进行回归。同样，为了加强结果的稳健性，因变量分别为风险加权资产占比、CoVaR 和 ΔCoVaR，回归模型仍采用上文分析时使用的模型，并增加了相应的交叉乘积项，其回归方程如下：

$$risk_{it} = \alpha_0 + \alpha_1 L.\ risk_{it} + \alpha_2\ logat_{it} + \alpha_3\ capr_{it} + \alpha_4\ ndlob_{it} + \alpha_5 c2013$$
$$+ \alpha_6\ FX_{it} + \alpha_7\ big_i + \alpha_8 big \times FX_{it} + \varepsilon_{it} \qquad (4-21)$$

$$CoVaR_{it} = \alpha_0 + \alpha_1 L.\ CoVaR_{it} + \alpha_2\ logat_{it} + \alpha_3\ capr_{it} + \alpha_4\ ndlob_{it}$$
$$+ \alpha_5\ FX_{it} + \alpha_6\ big_i + \alpha_7 big \times FX_{it} + \varepsilon_{it} \qquad (4-22)$$

$$\Delta CoVaR_{it} = \alpha_0 + \alpha_1\ logat_{it} + \alpha_2\ capr_{it} + \alpha_3\ ndlob_{it} + \alpha_4\ FX_{it}$$
$$+ \alpha_5\ big_i + \alpha_6 big \times FX_{it} + \alpha_i + \varepsilon_{it} \qquad (4-23)$$

得到的回归结果如表 4.7 所示。[①] 从交叉项回归的结果来看，总体净结汇和经常项目净结汇与大型银行虚拟变量的交乘项稳定为正值，证明大型银行风险偏好随净结汇增加而提升的幅度要高于中小银行的提升幅度。净拆借资金与大型银行虚拟变量交乘项结果也比较稳定，为负值，即净拆出资金越多，大型银行的风险承担水平较中小银行越低。上述结果验证了H3 成立。

在回归结果中，资本项目净结汇与大型银行虚拟变量交乘项系数不稳定，出现了显著为负的情况。这一结果与理论预测存在差异，其原因在于，理论模型推导时假设大型银行和中小银行面临的流动性冲击是相同的，而实际中，大型银行要为大量跨国公司提供跨境金融服务，特别是资本项目的结售汇业务，因此，其更容易受到结售汇交易波动的影响。从样本中大型银行和中小银行三类净结汇的变异系数[②]比较（见图 4.4），可以看出，大型银行和中小银行总净结汇和经常项目净结汇比较接近，但在资本项目上二者有很大差异。这会导致对大型银行和中小银行风险承担水平的对比关系式的结果小于 1，即 $[\partial R_{L1}/\partial FX_1]/[\partial R_{L2}/\partial FX_2] = [(1-\bar{\theta}_1)\phi_1 \cdot \beta_2]/[(1-\bar{\theta}_2)\phi_2\beta_1] < 1$。此时，大型银行的风险承担水平受到的影响就会小于中小银行受到的影响。

---

① 为节省篇幅，仅给出主要变量的结果，相关检验基本都能通过，也不再重复给出。
② 单位均值标准差，即标准差与均值之比。

表 4.7 加入交叉乘积项后加权风险资产占比和 CoVaR 影响因素回归结果

变量名称	risk			CoVaR			ΔCoVaR		
	(1) 总结售汇	(2) 资本项目结售汇	(3) 经常项目结售汇	(4) 总结售汇	(5) 资本项目结售汇	(6) 经常项目结售汇	(7) 总结售汇	(8) 资本项目结售汇	(9) 经常项目结售汇
big	-0.273 (-0.76)	0.140 (0.63)	-0.166 (-0.74)	-0.324* (-1.96)	0.00814 (0.05)	-0.0904 (-0.46)	—	—	—
lndlob	1.317 (0.34)	11.61 (0.66)	2.263 (0.35)	0.573 (0.22)	21.87 (1.22)	1.358 (0.43)	0.421*** (5.78)	0.767*** (6.62)	0.456*** (5.59)
FX	-0.263 (-0.99)	-0.945 (-1.24)	-0.315 (-1.32)	-0.343 (-0.49)	-0.487 (-0.82)	-0.857 (-1.02)	-0.0409** (-3.00)	-0.0454*** (-3.34)	-0.0402** (-2.67)
big×FX	4.434 (0.41)	-11.92 (-0.64)	3.384 (0.27)	5.217 (1.24)	-20.89 (-1.18)	0.702 (0.15)	0.053 (0.39)	-1.238* (-2.15)	0.317 (1.68)
big×ndlob	-1.881 (-0.59)	-0.52 (-0.47)	-1.75 (-0.61)	-1.701 (-1.14)	-4.005 (-1.35)	-3.287 (-0.79)	-0.0594 (-0.81)	-0.0171 (-0.22)	-0.0747 (-1.18)
控制结售汇滞后项	是	是	是	是	是	是	是	是	是
控制季度变量	是	是	是	是	是	是	是	是	是
AR (1)	0.080	0.098	0.053	0.210	0.482	0.021	—	—	—
AR (2)	0.440	0.460	0.452	0.604	0.292	0.768	—	—	—
Sargan 检验	0.510	0.632	0.367	0.145	0.706	0.975	—	—	—
N	310	310	310	310	310	310	310	310	310

注：表中 (1) ～ (3) 项分析使用的工具变量数量均为 22 个，(4) ～ (6) 项分析使用的工具变量数量均为 18 个。

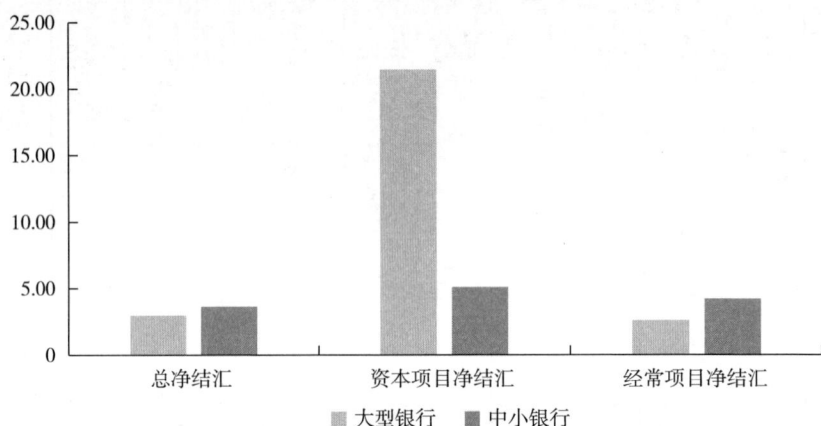

图 4.4　两类银行总体、资本项目、经常项目净结汇变异系数比较

4.2.4　对更长期限及更多中小银行的分析结果

除适用于 2011—2018 年大型银行和规模较大的中小银行样本外，上述结论对更长的时间跨度范围，对更多的小型银行（包括外资银行、城商行、农商行等）是否仍然适用呢？受限于结售汇数据的可得性，本章主要通过案例分析和统计分析的方法进行补充分析。

4.2.4.1　关于工商银行的案例分析

以资产规模最大的工商银行为代表进行简要分析。2010 年之后的情况已经通过回归分析进行了详细的研究。而在 2010 年之前，由于缺少银行结售汇统计数据等关键定量信息，理论研究的结论是否成立可以通过对代表银行的定性分析予以补充。工商银行是国内体量最大的银行，可以通过宏观的基础货币增速变化大致推断其自身的结售汇净额变化趋势，并用于比较分析。从图 4.5 可以看出，在 2006 年年初到 2008 年年中，基础货币增速大幅增加；而之后受国际金融危机影响，外汇流入大幅萎缩，基础货币增速骤降。同时，工商银行的风险加权资产占比呈现比较明显的与基础货币变化一致的趋势：在 2008 年前保持较快增幅，而后也相应出现大幅下降；在 2010 年后，随着美国经济复苏和外汇流入恢复，又再次步入快速增加的区间。可以看到，工商银行风险承担水平的变化与基础货币增速保持了高度的相关性。

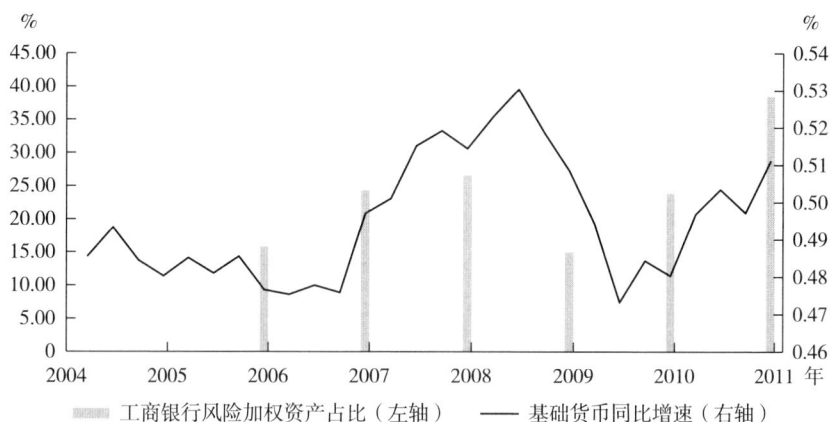

图 4.5　基础货币增速和工商银行风险加权资产占比情况（2004—2011 年）

4.2.4.2　对更多中小银行的统计分析

在上述单家银行的案例分析之外，按照结售汇统计月报和银保监会监管的口径，将商业银行分为大型银行、全国性股份制中小银行（以下简称股份制银行）、外资银行和地方性中资银行（以下简称地方银行），并进行统计分析，[①] 得到的结果如表 4.8 所示。[②]

---

　①　按照国家外汇管理局结售汇报表口径，地方性中资银行包括城市商业银行、农村商业银行、农村信用合作社等。由于银保监会并没有公布各类银行的风险加权资产，因此，在计算时采用在银行间市场发行过债券的银行公布的风险加权资产加总后的结果。但通过上述方法找到的部分类型银行与银保监会披露的数量存在一定差距，因此，笔者采用了能够找到数据的银行的风险加权资产占比来估算此类型银行的情况。最终，按照估算的结果，用全体商业银行数据减去大型银行、股份制银行和外资银行数据后得到地方性中资银行的数据。

　②　如果采用回归分析的方法，大型银行、股份制银行、外资银行和地方银行在截面上各只有一个点，且时序上也仅有五个年度数据（因需要滞后一期），样本量过小，结果极易受到干扰因素的影响，可能会非常不稳健。此外，银保监会并未披露不同类型银行的部分控制变量指标，导致采用回归分析存在一定障碍。因此，在数据可得性受限的前提下，比较结售汇净额与风险加权资产占比相关系数是一种相对可行的方法。

表 4.8 不同类型银行结售汇净额与风险加权资产

占比相关系数及其标准差（2013—2018 年）

类型	净结汇与风险加权资产占比相关系数			年度净结汇标准差			机构数量①
	总结售汇	资本项目	经常项目	总结售汇	资本项目	经常项目	
大型银行	0.89	0.08	0.85	0.013	0.002	0.014	5
股份制银行	0.54	0.67	0.44	0.010	0.004	0.006	12
外资银行	−0.73	−0.51	−0.82	0.131	0.051	0.085	40
地方银行	−0.62	−0.37	−0.62	0.005	0.002	0.004	2 380
全部商业银行	0.81	0.91	0.73	0.012	0.002	0.011	4 303

　　从分类统计分析结果可以看出，与回归分析的结果一致，全体商业银行、大型银行和股份制银行的风险加权资产有较高的相关性，且大型银行资本项目净结汇与风险加权资产占比相关性较低。这也进一步表明，对包括更多股份制银行在内的中小银行，结论依然成立。外资银行和地方银行的情况却与预期不符，但两者出现这一情况的原因却有所不同：对外资银行而言，其受母国当地市场的影响较大，净结汇波动远远大于其他类型银行的波动，同样可以用理论模型中流动性冲击机制解释，这也与塞托雷利和戈德伯格（Cetorelli and Goldberg，2012）对外资银行对离岸市场影响的研究结果一致；对地方银行而言，结售汇波动并没有显著异于其他类型银行，其风险加权资产占比与结售汇关联度不高的原因可能在于其始终处于流动性紧平衡状态，预期的流动性冲击较大，特别是在个别地方的银行被监管接管后，地方银行流动性压力进一步加大，导致即使通过结汇交易获得流动性后，地方银行会倾向于保留更多超额存款准备金以应对未来的不确定性，这也与李健等（2020）对中小银行现状的分析相呼应。当然，上

---

　　① 机构数量每年变化，表中呈现的机构数为 2013—2018 年的平均值。由于商业银行中还包括民营银行、农村合作银行、村镇银行等其他类型银行，故上述四类银行数量加总后并不等于全部商业银行机构数。

述针对地方银行的研究还处于比较初步的研究阶段，在后续的研究中还需要运用更多数据和分析工具进一步分析，这也是下一步研究的方向之一。

4.3　数值模拟分析

实证检验是对已有结果的验证，如果发生超出现有范围的冲击，银行的行为又会发生什么变化呢？本章在理论模型分析和实证检验的基础上，采用数值模拟的方式进一步研究了结售汇与银行风险承担水平之间的关系，以直观展示结售汇冲击对银行相关指标的影响。

4.3.1　参数校准

本文以 2018 年的数据作为参数校准的基础，校准参数的主要数据来源于 Wind 客户端以及银行年报数据。参数校准的详细过程参见附录 C，校准后的参数取值如表 4.9 所示。

表 4.9　校准后的参数取值

变量符号	变量定义	大型银行	中小银行
FX	净结汇	$FX_1 = 27.5$	$FX_2 = 3.79$
α	存款流动比率	$\alpha_2 = 0.074$	
r	法定存款准备金率	$r = 13.5\%$	
R_r	法定存款准备金利率	$R_r = R_s = 1.0072$	
R_s	超额存款准备金利率		
R_L	贷款利率	$R_{L1} = 1.0094$	$R_{l2} = 1.0109$
R_D	存款利率	$R_D = 1.0044$	
R_{LB}	银行间拆借利率	$R_{LB} = 1.0082$	
$\bar{\theta}$	流动性冲击系数	$\bar{\theta} = 0.6674$	
ϕ	流动性管理成本系数	$\phi_1 = 798.2$	$\phi_2 = 803.9$
C	资本承受能力	$C_1 = 44.0$	$C_2 = 15.9$
η	贷款利率风险敏感系数	$\eta = 0.0034$	
R_f	无风险利率	$R_f = 1.0079$	

4.3.2 结果分析

在上述参数基础上，本书模拟了 FX_1 和 FX_2 动态变化时对银行相关会计科目的影响，结果如图 4.6 所示。当结售汇水平足够高时，流动性再提高对于提升银行风险偏好的边际作用就不大了。此外，从体量上来看，大型银行资本实力强于中小银行的资本实力，其贷款体量也远大于中小银行的贷款体量，因此，提高大型银行的风险承担水平对于缓解全社会的融资约束有重大意义。从同业拆借水平变化可以看出，FX_1 增加到足够多时，

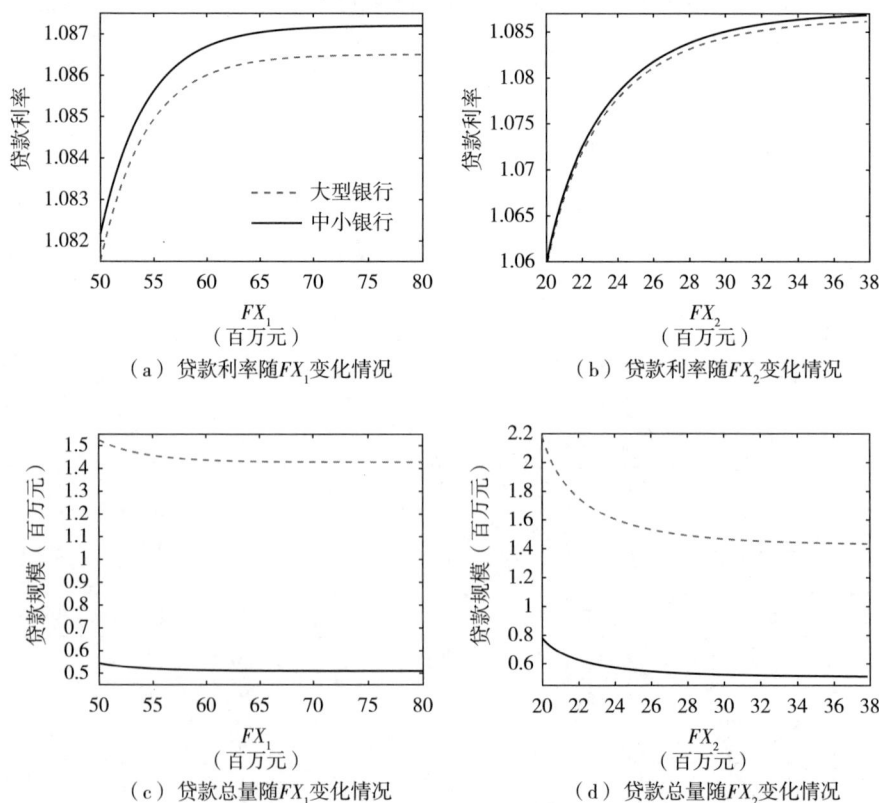

（a）贷款利率随 FX_1 变化情况

（b）贷款利率随 FX_2 变化情况

（c）贷款总量随 FX_1 变化情况

（d）贷款总量随 FX_2 变化情况

图 4.6 FX_1 和 FX_2 变化对大型银行和中小银行相关会计科目的影响

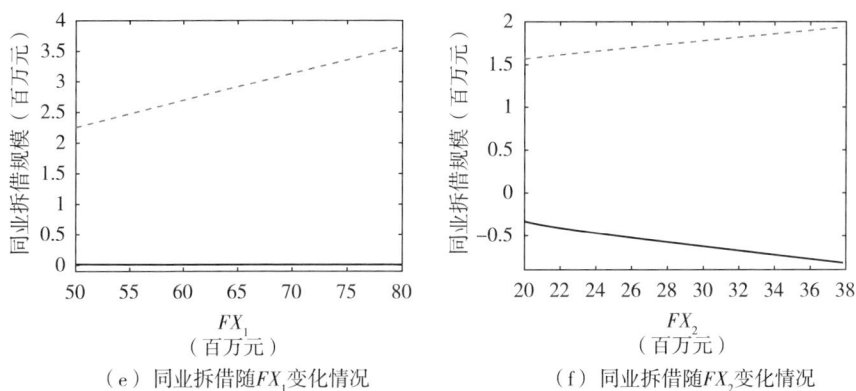

（e）同业拆借随 FX_1 变化情况　　（f）同业拆借随 FX_2 变化情况

图 4.6　FX_1 和 FX_2 变化对大型银行和中小银行相关会计科目的影响（续）

大型银行会将更多的流动性投入到拆借市场，而并不会直接投放于实体经济；而 FX_2 增加到足够高时，中小银行面临的流动性约束也会极大缓解，中小银行的风险偏好水平与大型银行趋近。同时也可以看出，如果外汇大量流入，并不会提高银行服务实体经济的能力。在模型中，多余的流动性被央行吸收。而在现实中，如果对流动性泛滥应对不当，可能会产生一系列金融风险。

图 4.7 为调整参数后对银行借贷行为的影响。调整存款流动比率 α 由高到低，直到为负数时，可以观察到大型银行和中小银行的风险承担水平逐渐收敛再最终反转的过程。通过调整随机正态函数产生冲击的大小[①]，调整流动性冲击系数 $\bar{\theta}$，从大于 1 到负数。在极端的流动性冲击条件下，即流动性冲击系数大于 1 时，银行风险承担水平将急剧下降，大型银行贷款利率定价将低于无风险利率，中小银行贷款利率仅略高于无风险利率；在流动性十分充裕，即冲击系数转为正数时，银行风险偏好很快趋近于极值，结售汇创造的流动性将不再对银行风险偏好起约束作用。

---

① 除参数校准中使用的 10% 的极端冲击，在此分别设定为 5%、20% 和 50%。

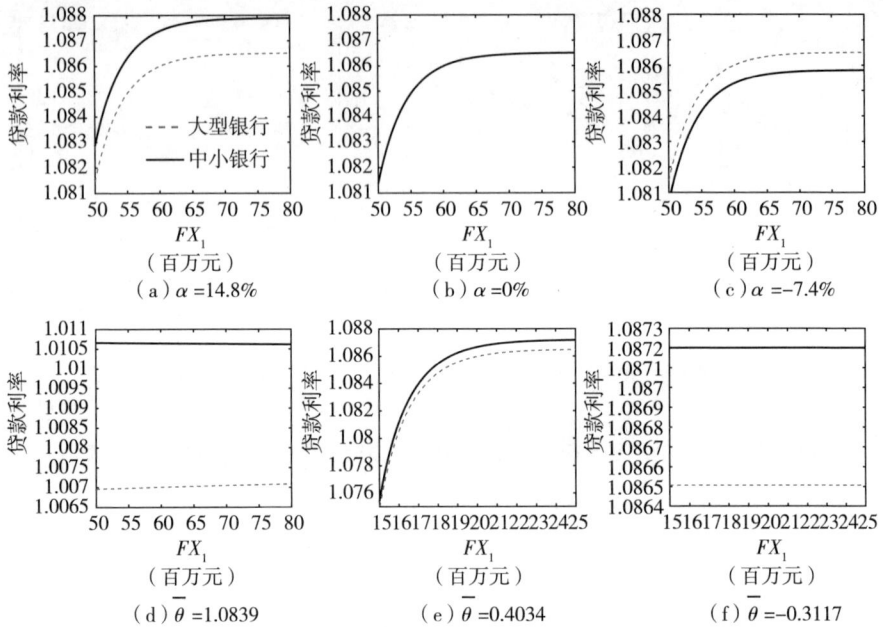

图 4.7　α 和 $\bar{\theta}$ 对大型银行和中小银行借贷行为的影响

4.4　研究结论及启示

本章从银行资产负债表视角出发, 建立了结售汇影响银行信贷风险承担水平的微观理论模型, 并进行了实证检验。

首先, 结售汇交易会创造和消灭货币, 对银行的资产负债表造成冲击, 并能够明显影响银行的风险承担水平。结果表明, 净结汇的增加能够提高银行的风险承担水平; 但当净结汇水平足够高时, 风险承担水平将不再提升。因此, 结售汇既是外贸形势好坏的参考指标, 也是影响银行支持经济力度的重要因素。稳外贸、稳外资、稳预期的重要性不仅体现在经济领域, 同样也体现在金融领域。

其次, 银行体系的结构, 特别是存款市场的结构对激励银行提高风险承担水平有着非常关键的作用。过于集中的存款份额会阻碍信贷资源的优化配置，导致大型银行难以有效提高风险承担水平，更好地服务实体经济。因此，为推动金融供给侧结构性改革，有效激励大型银行为小微企业提供高质量金融服务，政府有必要对市场存款份额进行一定程度的规范，例如，参考美国对单一银行存款份额的限制性法案。[1] 同时，针对服务小微、民营企业质量较高的金融机构，人民银行可以采用定向降准等方式提供额外的流动性，例如，进一步丰富细化"三档两优"准备金率框架（孙国峰，2019d）。

最后，流动性冲击会影响银行的预期，对于信贷投放行为有显著的影响。从中长期来看，受中美达成第一阶段经济贸易协议、全球经济受新冠肺炎疫情拖累和"逆全球化"思潮抬头等因素影响，中国的经常项目顺差可能不再成为常态，结售汇波动可能加剧。因此，必须加强对银行流动性预期的管理。人民银行需要前瞻性地提出有针对性的货币政策工具以对冲外汇流入减少带来的缺口，稳定流动性波动，防止银行恐慌性囤积流动性而对实体经济信贷投入不足。目前来看，各类借贷便利能够为银行提供流动性支持，但其叙做的体量和利率还需要有更加精致的设计。人民银行也可以推出更多结构化的货币政策工具，例如，将借贷便利与外汇流入缺口进行挂钩、以增加小微企业贷款专项再贷款等方式补足基础货币投放不足，以应对结售汇波动对经济金融环境带来的不确定性。

---

① 参见 12USC1842 法案中（d）（2）（A）款的规定，其中禁止银行：（1）在储蓄存款市场上所占份额超过 10%，或（2）并购后在本州存款市场所占份额超过 25%。

第5章 结售汇对企业融资
及宏观经济影响的实证检验

在充斥着恐慌和不确定性的形势下，投资者只想持有安全性和流动性最强的资产。放款人变得极为保守，信贷要么完全消失，要么仅提供给那些出价最高，并且愿意接受严苛条件的借款人……随着信贷的紧缩和资产价格的下跌，很多家庭和企业好像都按下了暂停键，招聘、投资、支出等活动迅速减少，促使经济陷入衰退。

——本·伯南克（Ben Bernanke），美联储前主席

5.1 数据来源与模型设定

5.1.1 数据来源

本章涉及的数据既包括微观财务数据，也包括宏观经济数据。对于企业融资行为研究，通过 Wind 数据库分别获取剔除金融行业①后上市企业和发债企业两类样本的财务指标，包括总借款②、固定资产占比、流动比率、

---

① 即 Wind 二级行业分类为银行、多元金融和保险 II 的行业。
② 总借款 = 短期借款 + 一年内到期的长期借款 + 长期借款，参考银行业界评估企业负债水平的通行做法，用总借款作为企业银行借款指标的代理变量。

总资产回报率（ROA）、资产规模和发债主体信用评级[1]等的季度数据。省际结售汇数据来自结售汇统计报表，该报表从 2011 年开始实施，因此，本部分数据的时间区间确定为 2011—2018 年。在此基础上，剔除时间区间内财务数据缺失的样本企业，并依据上市企业或债券发行企业所在省份，将各省的净结汇数据与企业数据进行匹配。由于净结汇可能为负，在计算净结汇[2]增长率时，将上一期的基数取绝对值，该值越大表明外汇流入结汇后创造的货币增速越快，反之则相反。净结汇数据波动较大，为了减少极端情况对结果的影响，对净结汇数据进行 1% 的缩尾处理。经过上述处理后，上市企业样本中共包括 1 853 家企业 31 个季度的平衡面板数据。各变量定义及描述性统计如表 5.1 所示。

表 5.1　上市企业数据统计性描述

变量名称	变量定义	观察值	平均值	标准差	最小值	最大值
floan	总借款	57 443	32.37	148.85	0.00	4 894.95
farate	固定资产占比	57 443	0.21	0.17	0.00	0.97
flr	流动比率	57 443	2.81	14.35	0.00	3 083.31
froa	总资产回报率	57 443	5.29	12.60	− 1 610.96	1 061.56
fsize	总资产对数值	57 443	3.66	1.35	− 4.18	10.12
qfxrate	省份季度净结汇增长率	57 443	0.38	4.73	− 13.52	45.19
qcapfxrate	省份季度资本项目净结汇增长率	57 443	− 0.27	4.60	− 25.44	21.55
qcurfxrate	省份季度经常项目净结汇增长率	57 443	0.05	1.84	− 11.88	12.19
qgdprate	省份季度 GDP 增长率	57 443	0.08	0.01	− 0.01	0.15

债券发行企业样本中共包括 753 家企业 15 个半年[3]的平衡面板数据。需要注意的是，本文给出的评级信息为 Wind 提供的国内机构对债券发行主体的评级结果。为了便于进行回归，参考常莹莹和曾泉（2019）的方

---

① 发债主体信用评级为 Wind 提供的国内评级机构（不含中债资信）给出的信用评级。
② 包括总体净结汇、经常项目净结汇、资本项目净结汇。下同。
③ 债券发行企业财务数据披露频率一般为半年一次，故针对债券发行企业时间间隔也定为半年。

法，对不同评级进行赋值，评级越高，相应数值越大。各变量定义及描述
性统计如表 5.2 所示。

表 5.2 债券发行企业数据统计性描述

变量名称	变量定义	观察值	平均值	标准差	最小值	最大值
dfloan	总借款	11 295	286.22	601.77	0.00	7 974.40
ratingnum	主体评级对应数值	11 295	14.56	1.61	1.00	16.00
dlr	流动比率	11 295	1.53	1.75	0.06	49.32
droa	总资产回报率	11 295	4.50	4.51	−65.68	62.53
dsize	总资产对数值	11 295	5.86	1.44	0.78	11.29
hfxrate	省份季度净结汇增长率	11 295	−0.21	2.97	−16.46	22.00
hcapfxrate	省份季度资本项目净结汇增长率	11 295	−0.41	5.08	−25.01	36.67
hcurfxrate	省份季度经常项目净结汇增长率	11 295	−0.04	2.84	−14.08	17.98
hgdprate	省份季度 GDP 增长率	11 295	0.08	0.22	−0.48	1.17

　　用于进行宏观分析的 PVAR 模型的数据为 2011—2018 年不包括西藏在
内的 30 个省[①]（自治区、直辖市）样本企业的季度数据，具体指标包括：
当季 GDP 增长率、季度 CPI 值、季度固定资产投资增长率、季度社会消费
品零售总额增长率、季度净结汇增长率、季度经常项目净结汇增长率、季
度基本项目净结汇增长率、当季人民币贷款增长率。GDP、社会消费品零
售总额、固定资产投资完成额、人民币贷款等数据来自 Wind[②]，结售汇数
据来源和计算方法同上。此外，新增人民币贷款增速也可能为负，也参考
净结汇增速的计算方法进行处理。对净结汇增速和贷款增速均进行 1% 的
缩尾处理。上述数据的描述性统计结果如表 5.3 所示。

---

　　① 由于西藏样本企业的数据不完整，且其相关经济金融指标的占比较小，对整体结果影响
不大，因此，样本中未包括西藏的数据。
　　② 参考文献的通常做法，计算 GDP、社会消费品零售总额、固定资产投资完成额的同比增
长率时，通过平减指数计算三者的真实增长率。

表5.3　宏观经济分析数据统计性描述

变量名称	变量定义	观察值	平均值	标准差	最小值	最大值
qgdprate	当季 GDP 增长率	930	0.08	0.02	− 0.01	0.15
qcpi	季度 CPI 均值	930	0.02	0.01	0.00	0.08
qfirate	季度固定资产投资增长率	930	0.12	0.14	− 0.76	0.62
qsoconrate	季度社会消费品零售总额增长率	930	0.12	0.04	− 0.05	0.24
qfxrate	季度净结汇增长率	930	0.40	5.45	− 13.52	45.19
qcurfxrate	季度经常项目净结汇增长率	930	0.04	2.43	− 11.88	12.19
qcapfxrate	季度资本项目净结汇增长率	930	− 0.28	5.13	− 25.44	21.55
qloanrate	当季人民币贷款增长率	930	0.24	1.05	− 0.97	6.66

5.1.2　模型设定

　　针对 A 股上市企业，本部分主要参考江博和道格拉斯·徐（Jiang and Xu，2019）、苏灵等（2011）构建的模型，以总借款的对数[①]为被解释变量，分析不同因素对企业在银行融资的影响。解释变量中，在评估企业的风险状况时，上市企业缺乏直接的风险状况指标，本部分采用固定资产占比（固定资产净值/总资产，即 fassetrate = fasset/asset）作为企业风险状况的代理变量，主要有两个方面的考虑：一方面，资产有形性（Tangibility）在公司金融研究中长期被作为衡量企业信息不对称程度、经营风险状况的指标，弗兰克和戈亚尔（Frank and Goyal，2009）认为，固定资产占比越高，企业和银行的信息不对称度越低，信贷风险越低，并据此分析了固定资产占比对企业资本结构的影响；另一方面，在银行信贷实务中，信贷审批人评估企业风险的一个重要因素就是企业的可抵押资产（主要是房产、土地、设备等），将固定资产比例作为银行发放贷款的考虑因素也是符合实践经验的。而本部分之所以不选择 Z – score、违约距离等衡量信用风险的指标，主要还是基于两个指标在中国的应用情况并不理想：一是从文献

---

　　① 为了防止出现总借款为 0 导致对数值无意义的情况，本文参照文献中的处理方法，对所有贷款加 1 后再取对数值。

来看，二者在中国特殊的金融环境中，衡量企业信用风险的准确性不足（杨秀云等，2016；张晓琦，2011）；二是在业界实践中，不同银行一般采用自己开发的信用风险评估模型，而上述评估工具的使用频率较低。此外，为比较净结汇增长率对不同风险的企业融资的影响，除了将净结汇增长率（fxrate）作为自变量之外，还加入了结售汇与固定资产占比的交叉乘积项。为充分分析净结汇增速的影响程度，在交叉乘积项中的结售汇采用的是净结汇增速虚拟变量。虚拟变量的计算方法为整体净结汇季度增速或某一省净结汇增速高于对应样本中的某一分位数[①]时取 1，否则取 0。具体模型如下。

$$\ln(1 + floan_{it}) = \alpha_0 + \alpha_1 \ln(1 + floan_{i(t-1)}) + \alpha_2 farate_{it} + \alpha_3 froa_{it}$$
$$+ \alpha_4 flr_{it} + \alpha_5 fsize_{it} + \alpha_6 fxrate_{it} + \alpha_7 qgdprate_{it}$$
$$+ \alpha_8 dummy_{FX} \times fassetrate_{it} + \eta_t + \delta_i + \varepsilon_{it} \qquad (5-1)$$

针对债券发行企业，评级机构给出的发债企业主体评级能够较好地评估企业违约概率和经营情况，因此，本部分将其作为衡量企业风险的自变量。由于评级公司在对发债主体进行评级时会考虑企业负债水平，因此，企业借款和当期评级之间有较强的内生性。为了减少内生性对结果的影响，模型中被解释变量采用发债企业主体评级的滞后项，交叉乘积项也为评级滞后项和虚拟变量相乘，回归模型如下。

$$\ln(1 + dfloan_{it}) = \beta_0 + \beta_1 \ln[1 + dfloan_{i(t-1)}] + \beta_2 rating_{it-1} + \beta_4 flr_{it}$$
$$+ \beta_5 fsize_{it} + \beta_6 fxrate_{it} + \beta_7 hgdprate_{it} + \beta_8 dummy_{FX}$$
$$\times rating_{it-1} + \eta_t + \delta_i + \varepsilon_{it} \qquad (5-2)$$

针对省际宏观面板数据，本部分采用面板向量自回归（Panel Vector Autoregresion，PVAR）模型研究净结汇对宏观经济的影响。PVAR 模型由霍尔茨·埃金等（Holtz – Eakin et al.，1988）提出，经过佩萨兰和史密斯（Pesaran and Smith，1995）、洛夫和齐奇诺（Love and Zicchino，2006）等

---

① 在本章后续的实证检验中，会取不同分位数，以验证结果的稳健性。

学者的不断完善发展，特别是在阿布里戈和洛夫（Abrigo and Love，2016）开发了用 Stata 进行 PVAR 回归分析的方法后，逐渐成为一种比较成熟的回归分析方法。国内也有不少学者采用 PVAR 模型分析宏观经济变量相互之间的关系，如曹海娟（2012）、万里鹏等（2019）等。PVAR 模型充分利用了面板数据的信息优势，并结合了 VAR 模型的特点，既考虑了横截面上的个体异质性，也降低了传统 VAR 模型对时间序列的长度要求，能够得到比较稳健可靠的结果。设 y_{it} 为变量组合向量，γ_0 为截距向量，宏观分析模型设定如下：

$$y_{it} = \gamma_0 + \sum_{j=1}^{p} \gamma_j \, y_{i,t-j} + \eta_t + \delta_i + \varepsilon_{it} \qquad (5-3)$$

在上述三个模型中，i 代表省份，t 代表季度，η_t 和 δ_i 分别代表时间效应变量和个体效应变量。

5.2　结售汇对企业融资行为影响的实证检验

5.2.1　主要假设

从作为信贷供给方的银行角度来看，净结汇增加会提高银行的风险承担水平。那么，从信贷需求端来看，银行风险承担水平的提高是否能够切实解决信用风险相对较高的企业的融资问题？从企业的负债端出发，采用净结汇作为衡量结售汇水平的变量，通过实证方法验证结售汇与企业银行借款之间的关系，并提出如下假设：

H1：对上市企业而言，外汇流入增加，即净结汇增长较快时，固定资产占比越低的企业，获得的借款越多，即模型 5-1 中交叉乘积项系数 α_8 为负。

H2：对债券发行企业而言，外汇流入增加，即净结汇增长较快时，评级越低的企业，获得的借款越多，即模型 5-2 中交叉乘积项系数 β_8 为负。

H1 和 H2 分别针对上市企业和债券发行企业的特点，从企业的负债端出发，研究结售汇对其融资行为的影响。若实证结果表明，在净结汇水平较高时，风险较高的企业能够得到更多的贷款，则净结汇增加确实能够增加高风险企业获得银行贷款的机会，并一定程度上缓解企业融资约束问题。

5.2.2 回归结果

5.2.2.1 上市企业回归结果

针对上市企业，由于自变量中包含了因变量的一阶滞后项，因此是一个动态面板模型。为了解决由此产生的内生性问题，本文仍采用前文使用过的系统 GMM 方法，以克服解释变量中的一阶滞后项带来的内生性。在计算净结汇增长率虚拟变量时，分别采用在所有省份排序和在单个省份内部排序两种方法来计算①，计算时，门槛定为 90% 分位数②，采用系统 GMM 方法估计得到的回归结果如表 5.4 所示。

表 5.4 上市企业回归结果

变量	所有省份共同排序确定分位数			省份内排序确定该分位数		
	（1）	（2）	（3）	（4）	（5）	（6）
	总体	经常项目	资本项目	总体	经常项目	资本项目
L. lnfloan	0.971 ***	1.012 ***	1.044 ***	0.974 ***	1.028 ***	1.055 ***
	(49.12)	(23.68)	(16.69)	(45.83)	(21.19)	(15.30)
froa	−0.00141	0.00611	−0.00177 ***	−0.00109	0.00911	−0.00176 ***
	(−1.44)	(1.02)	(−3.51)	(−0.91)	(1.34)	(−3.49)
flr	0.00117	0.0024	0.00133	0.00096	0.00276	0.0014
	(0.23)	(0.50)	(0.58)	(0.18)	(0.59)	(0.59)

① 计算虚拟变量时，净结售汇增速均去除重复项，即在 30 个省份的样本中进行排序，而非用与企业层面的数据匹配后的样本进行排序。
② 净结售汇增速大于其 90% 分位数时，即净结售汇增速处于前 10% 时，dummy$_{FX}$ 为 1，否则为 0。

续表

变量	所有省份共同排序确定分位数			省份内排序确定该分位数		
	(1)	(2)	(3)	(4)	(5)	(6)
	总体	经常项目	资本项目	总体	经常项目	资本项目
fsize	0.0147	−0.0489	−0.129	0.0127	−0.0793	−0.156
	(0.20)	(−0.73)	(−1.13)	(0.17)	(−1.07)	(−1.22)
farate	0.219	0.487 **	0.156	0.249	0.568 **	0.120
	(0.46)	(2.18)	(1.62)	(0.51)	(2.18)	(1.27)
qgdprate	0.565	−0.85	−2.002	0.92	−1.47	−2.452
	(0.37)	(−0.58)	(−1.17)	(0.57)	(−0.92)	(−1.28)
qfxrate	0.0413 **	0.0645 ***	0.0185 **	0.0548 **	0.0785 ***	0.0179 **
	(2.55)	(3.25)	(2.16)	(2.34)	(3.17)	(2.06)
$dummy_{FX} \times farate$	−1.143 **	−0.924 ***	−0.450 **	−1.095 **	−0.737 ***	−0.392 **
	(−2.45)	(−3.43)	(−2.21)	(−2.28)	(−3.30)	(−2.05)
常数	−0.0616	0.123	0.572	−0.0938	0.229	0.696
	(−0.13)	(0.49)	(1.27)	(−0.19)	(0.84)	(1.37)
AR (1)	0.000	0.000	0.000	0.000	0.000	0.000
AR (2)	0.848	0.935	0.953	0.612	0.637	0.967
Sargan 检验	0.118	0.210	0.199	0.146	0.280	0.150
Hansen 检验	0.171	0.287	0.653	0.156	0.353	0.661
N	57 443	57 443	57 443	57 443	57 443	57 443

注：* $p < 0.10$，** $p < 0.05$，*** $p < 0.01$。

从得到的结果来看，ROA 的回归系数不稳定，这主要是由于银行对企业贷款的审核是多维度的，ROA 作为盈利能力的指标之一，只是其中的一项参考。流动比率对企业融资有较为稳定的正向影响，但这种影响不显著，这表明流动性越高的企业越容易获得银行贷款，但这种相关关系相对较弱。企业规模与企业融资的关系同样不稳定，造成这一结果的原因相对较为复杂，其中一个可能的原因是企业融资渠道多元化。固定资产占比与总借款之间的关系基本稳定为正值，这与苏灵等（2011）构建的模型回归结果基本一致，也与银行在发放贷款过程中重点通过企业固定资产判断银行风险情况的行业实践是相符的。所在省份的 GDP 增速作为控制变量被引入，其主要目的在于控制经济增长的影响，以减少宏观经济活跃程度对分析结果的影响。从结果来看，GDP 增速对企业借款的影响并不稳定也不显著，这也减少了对于结售汇影响企业融资行为是因为受到经济波动影响的担忧。所在省份总净结汇、资本项目净结汇和经常项目净结汇增速与总借款呈正相关关系，这表明净结汇能够带来流动性并提高信贷投入，促使企业能够获得更多银行融资，这与第 4 章从银行端视角出发，通过信贷供给侧分析得到的结论基本一致。相应地，净结汇增速虚拟变量和固定资产占比交叉乘积项的结果均显著且稳定为负值。这一回归的结果验证了 H1，即在结售汇增速较快时，固定资产占比低的企业能获得更多的贷款，且结果不受虚拟变量计算方式改变的影响。这表明在净结汇增速较快的时候，较高风险企业的确获得了更多的银行贷款。

实际上，充足的流动性本身就可以刺激银行的信贷投放，我们需要排除企业融资情况的变化是由流动性水平改变引起而非结售汇通过影响资产负债表改变银行信贷行为的情况。如果将自变量替换为衡量货币宽松程度的指标（如 M_2），是否也会得出类似上述回归结果呢？货币宽松政策和结售汇过程对银行资产负债表的冲击是完全不同的。货币宽松是央行通过降准、中期借贷便利、抵押补充贷款等货币政策工具提供超额准备金，再由银行通过发放贷款投放货币，这是央行的主动货币政策操作，具有相对的"外生性"。而结售汇交易对银行资产负债表的冲击是被动的：从资产端看，商业银行向央行出售外汇的过程会增加银行的基础货币；从负债端来看，商业银行向客户买入外汇的过程会增加银行的存款。从两个过程的比较我们可以发现，前者是从上至下，由央行向银行提供流动性，再由银行通过贷款向企业提供货币，银行会消耗资本，企业的杠杆会上升；而后者是从下至上，企业在获取外汇后向银行卖出外汇就获得了货币，银行资本消耗为零，企业杠杆率也不会上升。所以，结售汇和央行货币政策工具对信用环境、货币环境的影响渠道完全不同。总之，结售汇和货币宽松水平不是简单的包含和被包含、替代和被替代关系。从实际数据上分析，由于采用实证方法证明 M_2 和不同风险情况下的企业融资行为有计量上的相互关系是比较困难的[①]，笔者采用了 M_2 的增量和工农中建四大国有银行信用贷款[②]增量的统计比较结果（见图 5.1）来进行粗略分析。从结果来看，二者存在一定相关关系，但相关系数仅为 59%。统计数据分析结果表明，高风险企业融资水平的提升并不能完全由货币宽松来解释。后续章节还会从宏观变量角度，采用面板向量自回归检验的方式进一步论证货币宽松并不能直接刺激经济增长。

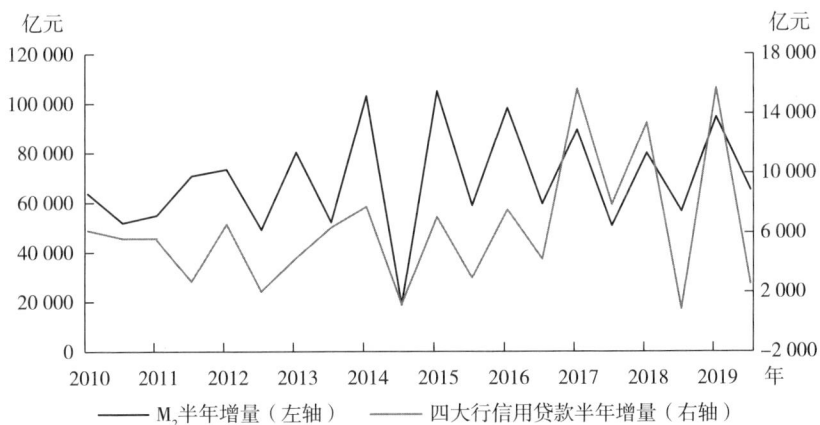

图 5.1　M_2 和四大行信用贷款半年增量比较

5.2.2.2　发债企业回归结果

为了进一步检验结果的准确性，避免单一数据来源对回归结果造成的偏误，本部分还采用债券发行企业的数据进行类似的回归。其中，衡量企业风险状况的指标调整为发债企业的主体评级。得到的结果如表 5.5 所示。

---

① 在实证操作上，货币政策宽松的指标（如 M_2）一般都是总量指标，且无法将 M_2 拆分到各省份、各银行和各企业。

② 代表较高风险的企业融资情况。

表5.5　债券发行企业回归结果

影响因素	所有省份共同排序确定分位数			省份内排序确定该分位数		
	（1）	（2）	（3）	（4）	（5）	（6）
	总体	经常项目	资本项目	总体	经常项目	资本项目
L. dlnfloan	0.799 ***	0.789 ***	0.580 ***	0.938 ***	0.714 ***	0.616 ***
	(7.56)	(7.79)	(4.07)	(4.99)	(6.00)	(5.00)
droa	−0.0205	−0.013	−0.017	−0.0343	−0.0272	−0.00936
	(−0.85)	(−0.45)	(−0.67)	(−1.22)	(−1.05)	(−0.34)
dlr	−0.0332	−0.0302	−0.0519	−0.0675 *	−0.0168	−0.0558
	(−1.29)	(−1.16)	(−1.24)	(−1.65)	(−0.56)	(−1.41)
dsize	0.124	0.205	0.700 **	−0.203	0.112	0.592 **
	(0.91)	(1.48)	(2.34)	(−0.60)	(0.69)	(2.52)
L. ratingnum	0.0458	0.0672	−0.0578	0.065	0.247	−0.020
	(0.27)	(0.36)	(−0.28)	(0.20)	(1.12)	(−0.08)
hgdprate	−0.0389	−0.135 ***	−0.184 ***	−0.0564	0.0081	−0.274 ***
	(−0.93)	(−2.73)	(−2.88)	(−1.09)	(0.17)	(−2.72)
hfxrate	0.101 ***	0.112 ***	0.0520 **	0.150 *	0.111 ***	0.0487 **
	(2.61)	(3.38)	(2.32)	(1.82)	(3.27)	(2.55)
$dummy_{FX} \times$ L. ratingnum	−0.0361 ***	−0.0556 ***	−0.0298 **	−0.0321 *	−0.0259 ***	−0.0246 **
	(−2.61)	(−3.41)	(−2.39)	(−1.74)	(−3.30)	(−2.53)
常数	−0.272	−1.047	−1.167	0.911	−2.77	−1.266
	(−0.14)	(−0.47)	(−0.52)	(0.27)	(−1.07)	(−0.44)
AR（1）	0.000	0.000	0.000	0.011	0.000	0.000
AR（2）	0.891	0.016	0.835	0.401	0.453	0.310
Sargan 检验	0.226	0.917	0.220	0.104	0.970	0.446
Hansen 检验	0.293	0.890	0.401	0.188	0.987	0.543
N	11 295	11 295	11 295	11 295	11 295	11 295

注：* $p<0.10$，** $p<0.05$，*** $p<0.01$。

ROA、流动比率、企业总资产对数的回归系数显著度普遍不高，这与上市企业的结果基本一致。评级对应数值的滞后项与企业借款之间的关系不显著，这符合银行评估企业信用风险的业务逻辑：在银行信贷实务中，外部评级仅作为企业风险评级的参考之一。所在省份 GDP 增速则与债券发行企业获得贷款数量呈负相关关系，可能原因在于发行债券样本企业在经济增长时更倾向于通过债券融资而非寻求银行贷款，这与李斌和孙月静（2013）的研究结论一致。所在省份净结汇增速则与企业借款呈正相关关系，结果也基本稳健，与上市企业样本保持一致。交叉乘积项的系数也与上市企业样本的回归结果保持一致且稳定为负值，表明评级较低的债券发行企业在结售汇增速较快时也更易于获得贷款，验证了 H2。

5.2.2.3 稳健性检验

本部分通过改变分位数选择和虚拟变量计算方式进行稳健性分析：（a）调整净结汇增速虚拟变量的计算方式，当净结汇增速高于 75%、$dummy_{FX}$ 为 1 时，α_8 和 β_8 应保持稳定为负；（b）反向计算虚拟变量，即当净结汇增速低于 50%、$dummy_{FX}$ 为 1[1] 时，α_8 和 β_8 应为正。按照上述思路得到的回归结果如表 5.6 所示。[2]

表 5.6 调整分位数及虚拟变量计算方式后的稳健性检验结果

（a）净结汇增速高于 75%、$dummy_{FX}$ 为 1 时的回归

变量		所有省份共同排序确定分位数			省份内排序确定分位数		
		（1）	（2）	（3）	（4）	（5）	（6）
		总体	经常项目	资本项目	总体	经常项目	资本项目
上市企业	$dummy_{FX} \times farate$	−2.554 (−1.41)	−1.179** (−2.36)	−0.268*** (−2.68)	−0.806** (−2.14)	−0.720*** (−2.72)	−0.246*** (−2.75)
	AR（1）	0.137	0.000	0.000	0.000	0.000	0.000
	AR（2）	0.199	0.413	0.955	0.343	0.750	0.958
	Sargan	0.752	0.318	0.128	0.247	0.302	0.148
	Hansen	0.622	0.333	0.693	0.206	0.356	0.706
	N	57 443	57 443	57 443	57 443	57 443	57 443

---

① 用于稳健性检验的反向虚拟变量生成方式，50% 分位数是门槛最高的，因此，低于 50% 分位数的结果不再重复给出。

② 为节省篇幅，仅列出交叉乘积项的系数。

续表

变量		所有省份共同排序确定分位数			省份内排序确定分位数		
		（1）	（2）	（3）	（4）	（5）	（6）
		总体	经常项目	资本项目	总体	经常项目	资本项目
债券发行企业	dummy$_{FX}$ × ratingnum	− 0. 0343 *	− 0. 0311 ***	− 0. 0173 **	− 0. 0233 ***	− 0. 0187 *	− 0. 0134 ***
		（ − 1. 85）	（ − 2. 97）	（ − 2. 53）	（ − 3. 23）	（ − 1. 68）	（ − 2. 85）
	AR（1）	0. 015	0. 000	0. 000	0. 000	0. 003	0. 000
	AR（2）	0. 103	0. 298	0. 306	0. 971	0. 483	0. 257
	Sargan	0. 131	0. 411	0. 123	0. 038	0. 175	0. 067
	Hansen	0. 150	0. 630	0. 243	0. 070	0. 065	0. 204
	N	11 295	11 295	11 295	11 295	11 295	11 295

（b）净结汇增速低于50% 、dummy$_{FX}$为1 时的回归

变量		所有省份共同排序确定分位数			省份内排序确定分位数		
		（1）	（2）	（3）	（4）	（5）	（6）
		总体	经常项目	资本项目	总体	经常项目	资本项目
上市企业	dummy$_{FX}$ × farate	0. 036	0. 645	0. 190	− 0. 038	0. 947	0. 160
		（0. 19）	（1. 08）	（1. 52）	（0. 19）	（0. 91）	（1. 46）
	AR（1）	0. 000	0. 013	0. 000	0. 000	0. 150	0. 000
	AR（2）	0. 942	0. 205	0. 787	0. 782	0. 330	0. 784
	Sargan	0. 042	0. 987	0. 656	0. 033	0. 908	0. 656
	Hansen	0. 060	0. 987	0. 687	0. 056	0. 896	0. 687
	N	57 536	57 536	57 536	57 536	57 536	57 536
债券发行企业	dummy$_{FX}$ × raingnum	0. 0451	0. 0248 *	0. 00595 **	0. 0565	0. 0208 **	0. 00565 **
		（1. 45）	（1. 89）	（2. 54）	（1. 15）	（2. 08）	（2. 46）
	AR（1）	0. 096	0. 010	0. 000	0. 210	0. 004	0. 000
	AR（2）	0. 546	0. 917	0. 988	0. 537	0. 574	0. 947
	Sargan	0. 467	0. 164	0. 938	0. 917	0. 304	0. 660
	Hansen	0. 479	0. 037	0. 943	0. 921	0. 169	0. 649
	N	11 295	11 295	11 295	11 295	11 295	11 295

注：＊p＜0. 10 ，＊＊p＜0. 05 ，＊＊＊p＜0. 01 。

从（a）的回归结果来看，交叉项结果仍稳定为负值，但部分结果显著度略有降低。这可能是由于在上述设定下，结售汇净额增速较快的省份与结售汇增速较慢的省份之间的差异有所减小，导致结果的显著度下降。从（b）的回归结果来看，交叉乘积项系数的符号基本符合预期，回归结果证明，在净结汇增速较低时，具有更高评级的企业更易获取贷款。但（b）的结果中也出现了部分结果显著度偏低的情况，其原因也与（a）类似。

此外，笔者还通过改变分位数和缩尾方式、增加企业层面的其他控制变量、剔除房地产和纺织行业数据等方式进行进一步的稳健性检验，结果与前述结论保持一致。

5.3　结售汇对宏观经济影响的实证检验

5.3.1　结售汇对宏观经济的作用机制

从微观数据的分析结果来看，净结汇既会从整体上增加企业贷款融资，也会使得高风险企业获得更多贷款。那么，这种融资行为在宏观上对经济发展会有什么影响呢？微观回归结果的可信性如何？贷款数量的增加和结构的变化，哪个能对宏观经济产生更显著的影响呢？为了深入分析结售汇的宏观经济意义，进一步验证微观数据回归结果的稳健性，本节在微观分析的基础上进一步建立了宏观模型，研究净结汇与信贷、产出、投资、消费的相互关系。针对模型 5–3，参考黄宁和郭平（2015）构建的模型中采用的部分宏观变量为分析目标，最终确定 y_{it} 包含季度 GDP 增速、季度社会消费品零售总额增速、季度固定资产投资增速、季度贷款增速和季度净结汇增速五个内生变量。后续还将根据平稳性检验结果确定变量的最终形式。

5.3.2　季节调整、平稳性、滞后阶数和稳定性

为了减少宏观数据季节性对结果的影响，需要对其进行季节调整。从数据特点分析（见图 5.2），银行贷款增速具有明显的季节特点。商业银行一般基于提高当年利润的考虑，在控制贷款投放节奏时一般会尽量早投放、早收益，因此，第一季度的增速会普遍高于其他季度增速。针对这一季度特点，笔者采用由美国人口普查局（U.S. Census Bureau，2011）提出的 X－12－ARIMA 季节调整方法，使用王群勇和吴娜（Wang and Wu，2012）开发的程序对贷款增速进行了季节调整。

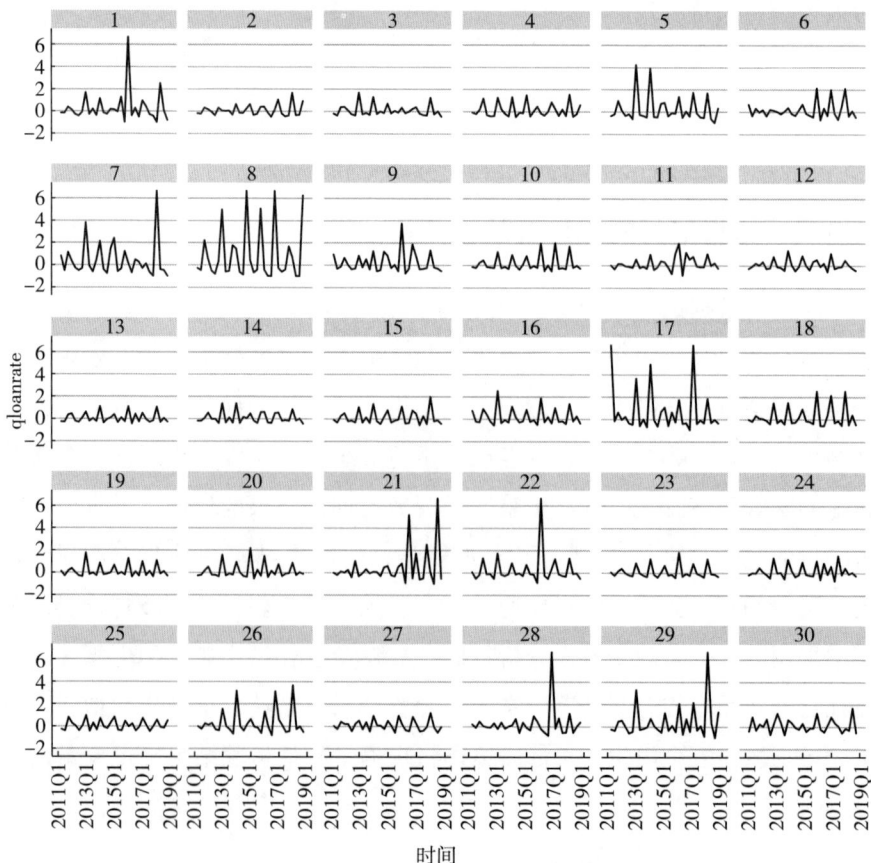

图 5.2　季节调整前 30 个省份贷款增速情况

　　为了保证回归结果一致性，还需要对数据进行平稳性检验。结果显示，季度社会零售品消费总额增长率、季度固定资产投资增长率不能通过平稳性检验，对其进行一阶差分后能够通过平稳性检验。综上所述，最终纳入 y_{it} 中的变量包括季度社会零售品消费总额增长率和季度固定资产投资增长率的差分、当季 GDP 增长率、当季人民币贷款增长率和季度净结汇增长率增速（即 $qgdprate_{it}$，$\Delta qsoconrate_{it}$，$\Delta qfirate_{it}$，$qloanrate_{it}$，$qfxrate_{it}$）。

　　在分析模型之前需要确定模型的滞后阶数（见表 5.7）。根据计算得到的 AIC、BIC 和 HQIC 三类标准的结果，最终选择 1 阶滞后模型。

表 5.7　滞后阶数选择比较

lag	AIC	BIC	HQIC
1	− 6.52355 *	− 5.56437 *	− 6.15654 *
2	− 6.46962	− 5.34262	− 6.03767
3	− 6.31825	− 5.01351	− 5.81732

　　稳定性检验结果如图 5.3 所示，结果发现，伴随矩阵的特征值均在单位圆内，表明 PVAR 可以得到收敛的结果。[①]

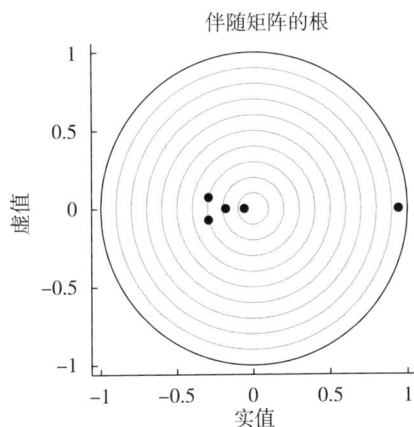

图 5.3　稳定性检验结果

---

　　① 后文各 PVAR 模型的变量也能通过稳定性检验，为节省篇幅，不再重复给出结果。

5.3.3　实证检验结果

5.3.3.1　净结汇对各宏观经济变量的冲击

净结汇冲击对其他宏观变量的影响是研究的重点，因此，将得到的各宏观变量对净结汇增速的脉冲响应结果图列示如图 5.4 所示。

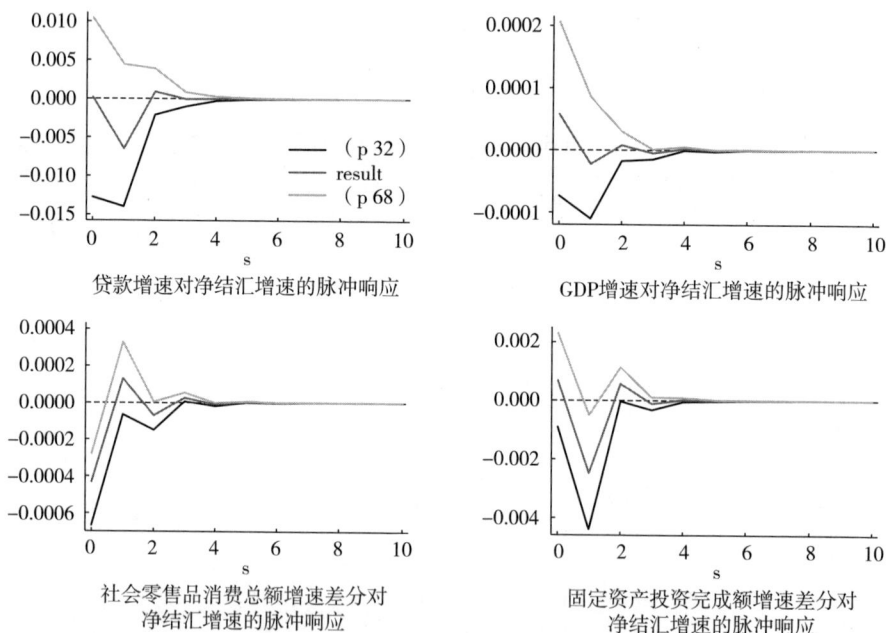

图5.4　其他变量对净结汇增速的脉冲响应结果①

从脉冲响应图中可以看到，贷款增速在受到一个标准差的净结汇冲击后，并未立即产生响应，而是在第 1 期产生了一个负向响应，并小幅波动，最终趋于平稳，因此，从宏观来看，结汇冲击并不会给企业带来银行贷款数量的增加。这与 Jiang 和 Xu（2019）研究中得到的结论一致：外汇冲击不但不会增加当期的信贷投入，反而会在后续造成整体信用的收缩。GDP

① 脉冲响应结果中，纵坐标代表变量偏离稳态的幅度。下同。

增速在受到净结汇冲击后有正向响应且立即达到峰值，后续，响应逐渐回归平稳。结合上述两个脉冲响应图看到，受到净结汇冲击后，银行的贷款并未增加，而GDP增速却快速响应并达到峰值，这表明，我们通常认为的净结汇带来流动性宽松从而导致银行信贷数量增加，并刺激经济增长的传导路径可能与现实不符。结合微观分析的结果可以判断，净结汇对经济的刺激作用更大，可能是通过加大对高风险企业的信贷投放力度来实现，而非单纯的数量投入带来的效果。

净结汇冲击对社会零售品消费总额增速的一阶差分是负向影响，固定资产投资增速的一阶差分则呈现一定的波动性。由于资本项目净结汇和经常项目净结汇对消费和投资有不同的影响，总净结汇对两个变量的影响存在一定的不确定性，在后文还会分类进行详细分析。

5.3.3.2　不同区域净结汇冲击的不同影响

在全样本分析的基础上，为了进一步验证结论的准确性，本部分还将样本按照国家统计局标准将除西藏外的30个省（自治区、直辖市）分为东、中、西部三个子样本，分别对三个子样本进行回归。表5.8显示了总样本和子样本中，贷款增速和GDP增速对净结汇冲击的脉冲响应结果。

表5.8　不同区域部分变量脉冲响应结果

变量	指标	全国	东部	中部	西部
净结汇 ↓ 贷款	响应强度	-0.0065	-0.0178	-0.0437	0.0072
	响应速度	1	0	1	0
	累积效应	-0.0055	-0.0228	-0.0789	0.0090
净结汇 ↓ GDP	响应强度	0.0001	0.0004	0.0001	-0.0002
	响应速度	0	0	0	0
	累积效应	0.00004	0.0005	0.0001	-0.0003
贷款 ↓ GDP	响应强度	0.0002	0.0010	0.0006	0.0003
	响应速度	0	0	0	0
	累积效应	-0.0001	-0.0009	-0.0001	0.0001

注："↓"上侧是发生冲击的变量，下侧是对冲击作出反应的变量。响应强度表示响应峰值（正负值均可）；响应速度表示达到峰值的期数；累积效应表示各期脉冲响应值之和。

　　分地区脉冲响应的结果进一步表明，净结汇对经济发展具有促进作用，且这种作用不是通过简单刺激信贷投放增加实现的。一方面，从GDP增速对贷款增速的累积效应来看，西部地区信贷投放冲击使GDP增速提高，东中部地区则相反，这主要是由于西部地区经济结构中资源型、重资产企业占比较高，信贷投放对经济仍有一定的促进作用。另一方面，东中部地区GDP对净结汇增速的响应强度和累积效应为正，且东部地区GDP增速的响应强度和累积效应大于中西部的水平。从经济结构上分析，在东部地区经济发展活跃，上市企业样本中，东部地区上市企业比例（68.9%）远高于中部地区（17.2%）和西部地区（13.9%）。在面临外汇流入增加的冲击时，东部地区会更多地受益于企业融资的增加，特别是高风险但整体资质优良的企业获得银行贷款的增加。饶品贵和姜国华（2013）的研究证明，银行信贷资金投入会增加上市企业下一年度的业绩表现。微观企业业绩的提升加总后，在宏观上就会体现为产出的增加，宏观变量分析的结果也验证了这一微观研究的结论。因此，经济越活跃、金融生态越好的地区，越受益于银行净结汇的提升。此外，净结汇虽然可以提升银行风险承担水平，但银行风险承担水平的选择并不会自发转化为有效信贷的投入，金融供给侧的变化必须要与高质量的金融需求侧匹配，才能促进经济的高质量发展。

5.3.3.3　经常项目和资本项目净结汇冲击造成的不同影响

　　资本项目和经常项目净结汇对相关经济指标的影响如表5.9所示。相比资本项目，GDP增速和贷款增速对经常项目净结汇冲击的响应强度大、响应速度快，但累积效应小；资本项目净结汇冲击对产出和信贷的影响更为长期、持久。这主要是由于经常项目外汇收入是企业向国外交易对手出售货物和服务换取外汇过程中获得的，外汇流入后的结汇交易创造的货币将用于向上游供应商付款、支付员工工资、偿还银行贷款本息等，因此，货币可快速被创造出来并形成流通，能够在短期内影响银行贷款风险承担水平、刺激产出增加。资本项目①外汇收入则主要为企业提供资本金，其流入后有相当长时间会仍停留在企业账户中，后续再逐渐按照企业经营需要进行结汇并支出，故通过资本项目创造的货币的流动速度相对较慢，短期内传导至银行的效果更不明显。但资本项目筹集的外汇是长期稳定资金，不需用于偿还贷款从而导致货币消灭，因此，会对银行的信贷投放行为和风险承担水平选择有更长期的影响，对经济的影响更持久，故可以观察到，其对产出和信贷的累积效应均要强于经常项目的影响。社会消费品零售总额对资本项目净结汇的响应强度和累积效应强于对经常项目的影响，进一步验证了资本项目对经济影响的长期性。固定资产投资一阶差分对经常项目的响应强度和累积效应均为负，而对资本项目则均为正，这主要是由于资本项目结汇后的资金能够直接运用于企业固定资产投资，而经常项目则更多用于营运资金支出。经常项目和资本项目影响的不同，进一步揭示了外汇流入对银行信贷行为及经济增长影响的复杂性。

表 5.9　相关变量对资本项目和经常项目净结汇冲击的脉冲响应结果

指标	结售汇类型	$qgdprate$	$qloanrate$	$\Delta qsoconrate$	$\Delta qfirate$
响应强度	经常项目	0.0005	0.0221	0.0001	− 0.0043
	资本项目	0.0003	0.0025	0.0013	0.0024
响应速度	经常项目	0	0	1	1
	资本项目	1	1	1	1
累积效应	经常项目	0.0001	0.0174	0.0001	− 0.0040
	资本项目	0.0003	0.0034	0.0006	0.0018

5.3.3.4　稳健性检验

为了检验上述回归结果的稳健性，参考金伯伦和梅松尼尔（Jimborean and Mésonnier，2010）将宏观数据和微观数据相结合的思路，用微观数据加总替换宏观变量。本部分采用前文使用过的上市公司总借款数据，按公司所在省份进行加总后计算出新的贷款变量（Qproloanrate）。虽然上市公

---

① 包括直接投资、证券筹资、跨境贷款等子项目，大部分用作企业自身资本金。

司贷款数据与各省份宏观数据之间存在差异，但结售汇影响经济的传导路径是通过银行改变风险承担能力来解决优质公司的融资约束问题。如果替换变量后结果仍然一致，则可以进一步验证结果的稳健性。同样，上市公司总借款也存在季节性比较明显的问题，采用与上文相同的方法对数据进行季节性调整，得到的结果如图5.5所示，将新构造的变量代入后得到的脉冲响应结果与原脉冲响应图对比发现，无论是在哪个地区，贷款和上市

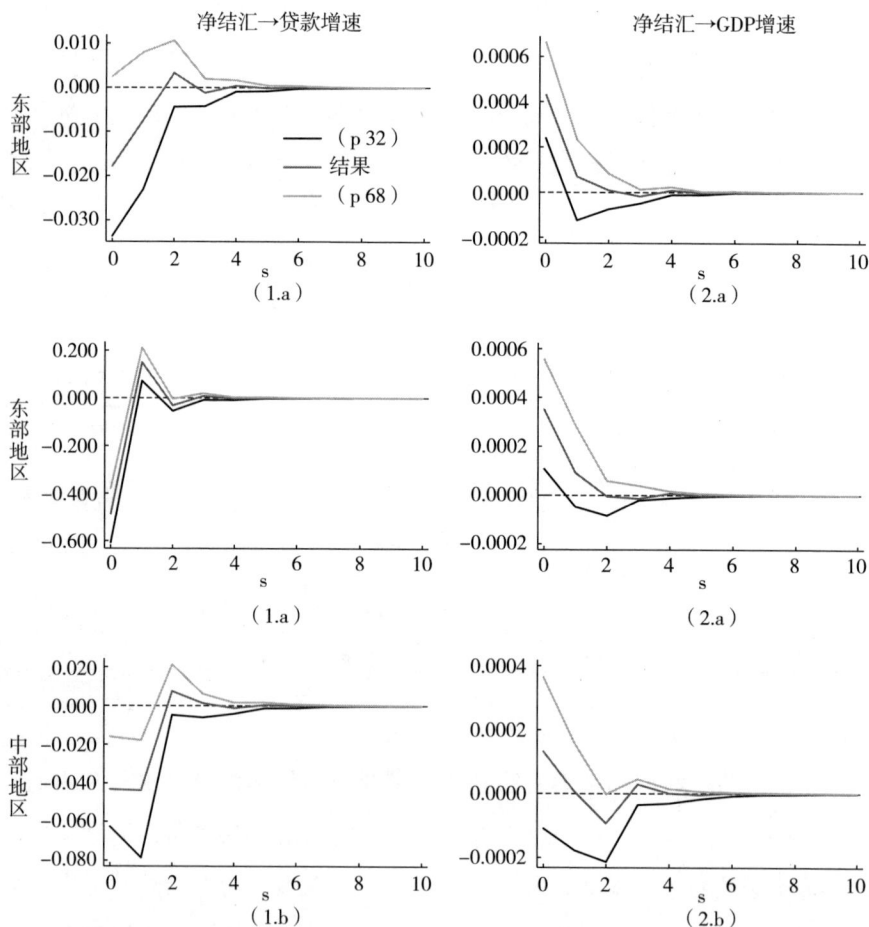

注：上图中（x.a）均代表使用省际贷款增速得到的结果，（x.b）均代表使用各省份上市公司借款加总得到的结果。

图 5.5　稳定性检验脉冲响应结果对比

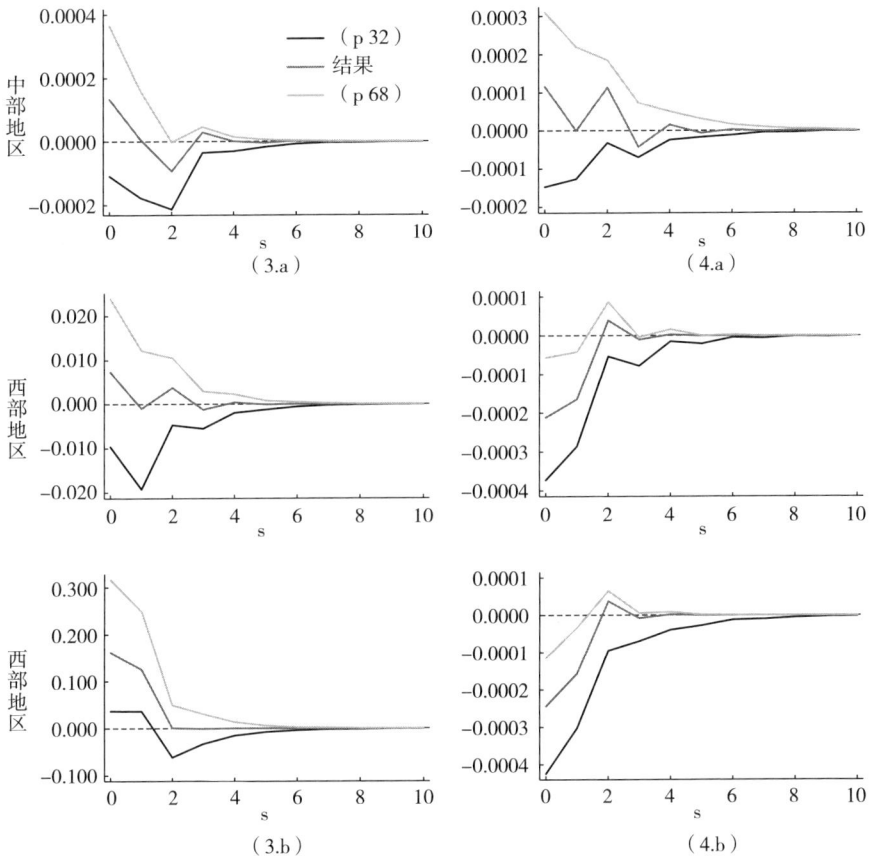

图 5.5　稳定性检验脉冲响应结果对比（续）

企业贷款数据加总得到的脉冲响应结果基本一致。这也表明，无论是采用宏观贷款数据，还是采用优质公司为代表的上市公司企业微观贷款数据加总，结果均保持稳健。

5.4　研究结论与启示

本章分别采用企业层面的微观数据和省际宏观面板数据，从金融需求端角度，实证检验了净结汇变化对企业融资行为和宏观经济增长的影响。

净结汇对银行风险承担水平的影响，最终转化为企业融资状况的变化。本章的结果证明了银行信贷投放行为的变化可以从金融供给端传导至金融需求端，增加风险相对较高企业的贷款融资水平，有效缓解企业的融资约束，并促进经济增长。本章主要结论如下。

一是微观数据的实证检验结果显示，结售汇对企业融资有明显的影响，所在省份净结汇增速较快的企业，其风险程度越高，能获得的银行贷款也越多，即固定资产占比较低的上市企业、评级较低的债券发行企业均能得到更多贷款。这一结论对 A 股上市企业、债券发行企业均适用，通过调整样本、改变关键变量计算方式、剔除部分行业等多种稳健性检验方法，结果均保持一致。银行的风险承担水平受结售汇的影响会直接导致企业银行融资情况的变化，因此，结售汇确实会影响企业的融资环境。特别是在当前全球新冠肺炎疫情导致外资收紧、外需不振的大形势下，更要深刻理解党中央提出的"加快形成以国内大循环为主、国内国际双循环相互促进的新发展格局"的应有之义，通过加大对外开放和改善营商环境，保障企业利用外资和外贸订单水平维持相对稳定，防止结售汇的突然萎缩带来的冲击引起银行信用急剧收缩，造成企业资金链断裂，对产业供应链造成不可逆的损害。

二是宏观省际 PVAR 的脉冲响应结果表明，净结汇冲击能够对 GDP 增速产生正面影响，且这种影响不是通过贷款数量的增加实现的。当面临正向的外汇流入（净结汇）冲击时，GDP 会快于信贷数量的增长而增长，且固定资产投资增速、社会零售品消费总额并未有显著正向增长，这进一步验证了净结汇冲击更多的是通过促进贷款信用下沉，提升高风险企业的融资，而非简单通过数量增加实现对经济影响的结论。结合微观分析的结论，在宏观上，结售汇对经济会有刺激作用，且这种刺激作用主要是通过缓解企业融资约束而实现的。

三是从区域宏观分析的结果来看，由于不同地区企业情况的不同，结售汇冲击的影响程度也不相同。对于东部地区，由于其优质的民营、中小企业数量较多，结售汇冲击到来之后，银行风险承担水平的变化能有效转化为企业的银行借款，结售汇对融资约束的缓解效果较好；中西部地区则缺乏相应的企业，银行风险偏好转化的效率就较低，结售汇的响应速度较慢、强度较弱。这也证明，结售汇对经济的刺激作用是通过银行与企业的良性互动实现的，只有足够优质企业信贷需求的支撑，银行的风险偏好转换才能真正提升经济的活力。金融供给侧结构性改革只有与市场需求有机结合起来才能更好地促进经济的发展。因此，我国还应该继续坚持区域协调发展战略，调整地区经济结构，促进经济均衡发展。近期，中共中央、国务院发布《关于新时代推进西部大开发形成新格局的指导意见》，正是坚持区域协调发展战略，提升西部地区经济发展质量的体现。未来，还需要继续统筹推进区域经济结构调整，在中西部地区培育出一批高质量企业。只有这样，才能有效提升金融对实体经济的支持力度，让金融供给侧结构性改革助推实体经济增长。

第6章 结售汇冲击
对宏观经济影响的一般均衡分析

货币是世界市场循环系统中流通的"血液",润滑着生产与交换的轴轮。任何一种货币都既是价值存储器,又是各种货币与商品之间的交换媒介。各种面值和纯度的货币都可以相互兑换套利,也可以换取其他商品。因此,正是在全球范围内的这种货币之间的套利兑换性以及它们与商品之间的交换性,使得实际上所有的商品都可以在世界市场中真正地运转起来。

——贡德·弗兰克(Andre Gunder Frank),
加拿大多伦多大学社会学系教授

6.1 模型概述

上文分别从金融供给侧(银行端)和金融需求侧(企业端)分析了结售汇如何影响银行的风险承担能力,以及企业的融资和宏观经济变量如何受结售汇影响。那么,同时从供给侧和需求侧考虑,并建立统一的一般均衡分析框架,外汇的流动通过金融渠道影响宏观经济的理论基础是什么呢?在面临相应的冲击时,金融变量和实体经济变量会产生怎样的相互作用?我们应该采取什么样的应对政策呢?

　　为了解释上述机制，本章构建了一个开放经济动态随机一般均衡（DSGE）模型。为使模型更好地符合实际，同时弥补现有研究对货币创造研究的不足，本章将货币和基础货币引入 DSGE 模型，并从 LCD 理论出发描述了二者的创造和消灭过程（见图 6.1）。该模型的特点包括：一是引入了基础货币，二是将微观模型与宏观模型紧密结合起来，三是对外需冲击提出了两种新型的货币政策工具。在现有文献中，几乎没有将基础货币作为一个单独要素加以刻画，在引入基础货币后，模型具有如下优势：首先，可以更好地描述在常规开放经济模型中容易被忽略的外汇外贸与金融要素之间的联系，与实践中外汇占款作为央行投放基础货币的主要渠道的现实能更好吻合；其次，可以把银行部门和实体部门有机结合起来，将银行资产负债表、央行基础货币投放等金融要素与货物进出口、企业资本积累等实体经济要素在现实中的密切关系映射到模型中，有利于全面综合地刻画外汇对经济的双重影响；最后，可以更加方便地对人民币国际化进行定量分析。此外，模型还结合前文微观模型研究的结果，在银行部门的方程中引入 Hachem and Song（2021）提出的流动性管理成本要素，使模型更符合当前银行资产负债管理实践。

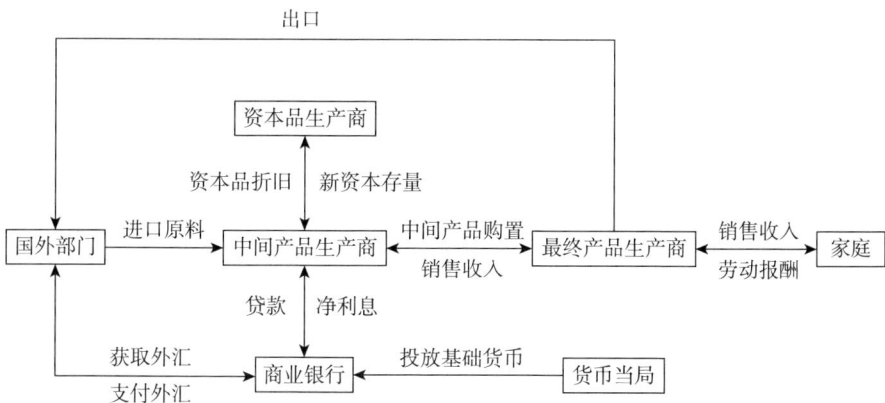

图 6.1　模型基本框架

6.2 模型设定

6.2.1 家庭部门

模型设定中引入了货币，在家庭部门的效用函数中也需要加入货币，故在传统家庭效用函数基础上采用货币效用模型（Money – In – Utility，MIU）进行拓展，家庭部门通过选择消费（C_t）、货币（M_t）和劳动（H_t）实现终生效用最大化，β、Φ_m、Φ_l三个常数分别代表折现系数、货币偏好系数和劳动时间偏好系数。其中，由于引入货币后通货膨胀的存在，居民的效用函数应关注真实货币，故引入价格水平（P_t）以计算真实货币（M_t/P_t）对效用的影响。

$$E\sum_{t=0}^{\infty}\beta^t\left(\ln C_t + \Phi_m ln\frac{M_t}{P_t} - \Phi_l\frac{H_t^{1+\eta}}{1+\eta}\right) \qquad (6-1)$$

家庭当期的消费和持有货币等于劳动收入（$w_t H_t$）、上一期真实货币本息收入（$M_{t-1}R_{t-1}^D/P_t$）和真实企业分红收入（$\prod_t/P_t$）。整理后的约束条件为：

$$C_t + \frac{M_t}{P_t} = w_t H_t + \frac{M_{t-1}R_{t-1}^D}{P_t} + \frac{\prod_t}{P_t} \qquad (6-2)$$

构建拉格朗日函数，设拉格朗日系数为Λ_t，三个一阶条件分别为：
对C_t求导，

$$\frac{1}{C_t} - \Lambda_t = 0 \qquad (6-3)$$

对M_t求导，

$$\frac{P_t\Phi_m}{\Lambda_t M_t} = 1 - E_t\frac{\beta R_t^D}{\pi_{t+1}}\frac{\Lambda_{t+1}}{\Lambda_t} \qquad (6-4)$$

对H_t求导，

$$w_t = \frac{\Phi_l H_t^\eta}{\Lambda_t} \qquad (6-5)$$

其中，名义存款利率 R_t^D 为通胀率（π_t）和真实存款利率（R_t）的乘积，其表达式为：

$$R_t^D = \pi_t R_t \qquad (6-6)$$

通胀率 π_t 表达式为：

$$\pi_t = \frac{P_t}{P_{t-1}} \qquad (6-7)$$

6.2.2 中间产品生产商

6.2.2.1 生产函数

中间产品生产商的设置与张春等（Chang et al.，2015）提出的设置方法基本一致。中间产品生产商为完全竞争，中间产品产出（Γ_t）是资本（K_t）、国内原材料（Γ_{ht}）和国外原材料（Γ_{ft}）的函数。参数 α_p 和 α_{hp} 分别代表原材料、国内原材料的贡献比例。中间品生产函数表达式为：

$$\Gamma_t = K_t^{1-\alpha_p} \Gamma_{ht}^{\alpha_{hp}\alpha_p} \Gamma_{ft}^{(1-\alpha_{hp})\alpha_p} \qquad (6-8)$$

考虑资本价格（Q_t）、中间产品相对价格（q_{mt}），则边际资本回报率（R_{t+1}^K）的表达式为：

$$E_t R_{t+1}^K = \frac{P_t(1-\alpha_p)\dfrac{\Gamma_t}{K_t} q_{mt} + (1-\delta) E_t Q_{t+1}}{Q_t} \qquad (6-9)$$

根据成本最小化原则，可以得到 Γ_{ht}、Γ_{ft} 与真实汇率①（q_t）之间的关系：

$$q_t = \frac{1-\alpha_{hp}}{\alpha_{hp}} \frac{\Gamma_{ht}}{\Gamma_{ft}} \qquad (6-10)$$

将成本最小化得到的 Γ_{ht} 和 Γ_{ft} 再纳入生产函数可以得到中间产品相对价格与边际资本回报率、资本价格和价格的关系：

$$q_{mt} = \tilde{\alpha} \, q_t^{(1-\alpha_{hp})\alpha_p} \left(\frac{R_{t+1}^K Q_t - (1-\delta) Q_{t+1}}{P_t} \right)^{1-\alpha_p} \qquad (6-11)$$

---

① 本文的真实汇率定义为剔除通胀之后，1 单位外币相当于本币的单位数量，即真实汇率越大，本币价值越低，外币价值越高。

其中 $\tilde{\alpha}$ 为常数，其表达式为：

$$\tilde{\alpha} = (\alpha_p \, \alpha_{hp})^{-\alpha_p \alpha_{hp}} \left[\alpha_p(1-\alpha_{hp})\right]^{-\alpha_p(1-\alpha_{hp})} (1-\alpha_p)^{-(1-\alpha_p)} \quad (6-12)$$

6.2.2.2　贷款合约

中间产品生产商的资本除了来自居民部门投资，还来源于银行贷款，为了描述这种关系，需要引入贷款合约。企业的总资本（$Q_t K_t$）应为自有资本（N_t^e）和银行贷款（L_t）之和，企业的资本约束表达式，即贷款出清条件为：

$$Q_t K_t = N_t^e + L_t \quad (6-13)$$

中间产品生产商贷款合约的设定主要以 Bernanke 等（1999）提出的模型为基础，并参考孙国峰和何晓贝（2017）提出的方法。设企业面临的随机异质性冲击为 κ_t，累计分布函数（CDF）为 $F(\kappa_t)$，概率密度函数（PDF）为 $f(\kappa_t)$，临界异质性冲击①为 $\bar{\kappa}_t$。那么，银行贷款利率（R_t^L）与 $\bar{\kappa}_t$ 的关系式：

$$\bar{\kappa}_{t+1} R_{t+1}^K Q_t K_t = R_t^L (Q_t K_t - N_t^e) \quad (6-14)$$

当 $\kappa_t \geqslant \bar{\kappa}_t$ 时，企业能够生存下去，并获得留存收益 $\kappa_{t+1} R_{t+1}^K Q_t K_t - R_t^L(Q_t K_t - N_t^e)$；否则，银行在支付比例为 μ 的审计成本后获得企业剩余价值，即 $(1-\mu)\kappa_{t+1} R_{t+1}^K Q_t K_t$，破产企业将退出市场。银行从贷款中获得的收入比例 $B(\bar{\kappa})$ 为：

$$B(\bar{\kappa}) = \bar{\kappa}\int_{\bar{\kappa}}^{\infty} f(\kappa) d\kappa + \int_0^{\bar{\kappa}} \kappa f(\kappa) d\kappa \quad (6-15)$$

企业破产时，银行支付比例为 μ 的审计成本，即

$$\mu G(\bar{\kappa}) = \mu\int_0^{\bar{\kappa}} \kappa f(\kappa) d\kappa \quad (6-16)$$

银行最终得到的利润比例为 $B(\bar{\kappa}) - \mu G(\bar{\kappa})$，企业得到的部分则为 $1 - B(\bar{\kappa})$，企业最优化函数为：

---

① 即企业恰好能够偿还贷款时异质性冲击的水平。

$$\max_{K_t, \bar{\kappa}} E_t \, Q_t \, K_t R^K_{t+1} [1 - B(\bar{\kappa}_{t+1})] \qquad (6-17)$$

设企业杠杆率为 $\phi^e_t = Q_t K_t / N^e_t$，故企业最优化问题可以转化为：

$$\max_{\phi^e_t, \bar{\kappa}} E_t \, \phi^e_t \, R^K_{t+1} [1 - B(\bar{\kappa}_{t+1})] \qquad (6-18)$$

银行必须保证贷款损失和收益能够平衡才会发放贷款。故银行真实贷款利率（R^B_t）需满足银行参与约束条件：

$$R^B_t (\phi^e_t - 1) = E_t \{ R^K_{t+1} \, \phi^e_t [B(\bar{\kappa}_{t+1}) - \mu G(\bar{\kappa}_{t+1})] \} \qquad (6-19)$$

分别对 $\bar{\kappa}_{t+1}$、ϕ^e_t、λ_t 求导，可以得到 R^K_{t+1} / R^B_t 与 ϕ^e_t 的关系式：

$$E_t R^K_{t+1} = f(\phi^e_t) \, R^B_t \qquad (6-20)$$

中间产品生产商可以保留自有资本，其当期自有资本包括留存资本、退休企业家带走的资本、居民部门新投入资本和银行支付的存款利息。具体来看，假设每期有固定比例 $1 - \theta^e$ 的企业家退休，退休企业家将剩余资产转回家庭，新进入的企业家带来的资本为 $\xi^e Q_t K_t$，存款利息则为上期存放在银行的自有资本的利息收入 $(R^D_{t-1} - 1) N^e_{t-1}$，则：

$$N^e_t = \theta^e R^K_t Q_{t-1} K_{t-1} [1 - B(\bar{\kappa}_t)] + \xi^e Q_t K_t + (R^D_{t-1} - 1) N^e_{t-1}$$

$$(6-21)$$

6.2.3　最终产品生产商

最终产品生产商处于垄断性竞争环境中，有许多的生产商生产差异化的最终产品 $Y_t(j)$。$Y_t(j)$ 为中间产品 $\Gamma_t(j)$ 和劳动投入 $H_t(j)$ 的函数，ϕ 则为中间产品对最终产品的贡献比例。生产函数表达式为：

$$Y_t(j) = \Gamma_t(j)^\phi H_t(j)^{1-\phi} \qquad (6-22)$$

根据成本最小化原则，工资（w_t）和中间产品相对价格（q_{mt}）的表达式为：

$$w_t = \frac{1 - \phi}{H_t(j)} Y_t(j) \qquad (6-23)$$

$$q_{mt} = \frac{\phi}{\Gamma_t(j)} Y_t(j) \qquad (6-24)$$

进一步处理得到二者的关系：

$$\frac{w_t}{q_{mt}} = \frac{1-\phi}{\phi}\frac{\Gamma_t(j)}{H_t(j)} \tag{6-25}$$

将 Γ_t 和 L_t 分别用 w_t 和 q_{mt} 表示，得到的生产边际成本 ν_t 为：

$$\nu_t = \frac{Y_t}{\Gamma_t^\phi (Z_t H_t)^{1-\phi}} = \tilde{\phi} q_{mt}^\phi \left(\frac{w_t}{Z_t}\right)^{1-\phi} \tag{6-26}$$

其中，常数 $\tilde{\phi}$ 的表达式为：

$$\tilde{\phi} = \phi^{-\phi}(1-\phi)^{\phi-1} \tag{6-27}$$

在上述分析的基础上，本文使用了诺特博格（Rotemberg，1982）价格调整成本的设定，即引入价格调整系数（Ω_p）[①]，对应的价格调整成本为 $\Omega/2\left[P_t(j)/\pi P_{t-1}(j) - 1\right)^2 C_t\right]$。参考 Chang 等（2015）提出的设定，假设最终产品生产商生产异质性的产品 $Y_t(j)$，各自的产品定价为 $P_t(j)$，则最终产品生产商的最优化方程为：

$$\max_{P_t(j)} E_t \sum_{k=0}^\infty \beta^k \frac{\Lambda_{t+k}}{\Lambda_t}\left[\left(\frac{P_{t+k}(j)}{P_{t+k}} - \nu_{t+k}\right)Y_{t+k}^d(j) - \frac{\Omega}{2}\left(\frac{P_{t+k}(j)}{\pi P_{t+k-1}(j)} - 1\right)^2 C_{t+k}\right]$$

$$\tag{6-28}$$

其中，$Y_t^d(j)$ 为需求侧产出：

$$Y_t^d(j) = \left[\frac{P_t(j)}{P_t}\right]^{-\theta_p} Y_t \text{ [②]} \tag{6-29}$$

$$P_t = \left[\int_0^1 P_t(j)^{1-\theta_p} dj\right]^{\frac{1}{1-\theta_p}} \tag{6-30}$$

---

① 本文采用 Rotemberg 定价而非 Calvo 定价主要是考虑外需冲击存在对金融系统的反向调整，若采用 Calvo 定价则存在着名义反向调整特征，可能会混淆金融反向调整和名义反向调整，不利于分析金融系统对实体经济的反向作用。

② 对出口的最终产品，需要将境内价格转化为境外价格，故对其分子分母同时乘以汇率 e_t，$Y_t^d(j) = \left[\frac{e_t P_t(j)}{e_t P_t}\right]^{-\theta_p} Y_t = \left[\frac{P_t(j)}{P_t}\right]^{-\theta_p} Y_t$，其结果与境内一致，故不再需要境内外方程加总。

求出最终产品生产商目标函数边际成本，根据阿斯卡里和罗西（Ascari and Rossi，2012）的分析，个体厂商、个体需求均保持一致，即 $P_t(j) = P_t$，$Y_t(j) = Y_t$，即可得到边际成本（ν_t）与通胀（π_t）之间的关系，即菲利普斯曲线（Phillips curve）：

$$\nu_t = \frac{\theta_p - 1}{\theta_p} + \frac{\Omega}{\theta_p} \frac{C_t}{Y_t} \left[\left(\frac{\pi_t}{\pi} - 1 \right) \frac{\pi_t}{\pi} - \beta E_t \left(\frac{\pi_{t+1}}{\pi} - 1 \right) \frac{\pi_{t+1}}{\pi} \right] \quad (6-31)$$

6.2.4 国外部门及经常账户

本国中间产品生产商从国外进口原料，本国最终品生产商则出口最终产品。真实经常账户变动（ca_t）即为价格和出口量（X_t）与进口量（$q_t\Gamma_{ft}$）之差的乘积：

$$ca_t = P_t(X_t - q_t\Gamma_{ft}) \quad (6-32)$$

由于真实汇率为 1 单位外币等价于本币的数量，故出口量与真实汇率呈正相关关系，即本币贬值越多，出口量越大；出口量也与国外需求（$\tilde{X}_t^*$）成正比，即国外需求量越大，出口量越多。出口量的表达式为：

$$X_t = q_t^\theta \tilde{X}_t^* \quad (6-33)$$

本部分设定国外需求（$\tilde{X}_t^*$）服从黏性系数为 ρ_X 的随机过程：

$$ln \tilde{X}_t^* = (1 - \rho_X) ln \tilde{X}^* + \rho_X ln \tilde{X}_{t-1}^* + \sigma_X \varepsilon_{Xt} \quad (6-34)$$

6.2.5 银行部门

银行部门根据自身利润最大化目标，选择相应的贷款数量。正如孙国峰（2012，2021）指出的，银行信贷受到资本、流动性和利率三个方面的约束。通过上述模型设定，三个因素都得到了体现。而美国金融危机期间，美联储通过向银行系统注入流动性的量化宽松政策，仅仅是解决了其中流动性约束的问题，而对于资本和利率约束却无法产生直接的影响，美国银行的信贷投放仍不积极，超储率保持在高位。大量流动性在金融体系内部淤积，资金形成空转，资产价格迅速上涨，实体经济恢复情况却不理想①。基于上述理论分析，在构建银行部门模型的过程中，除需考虑存贷款利差之外，银行目标函数主要还受两个方面的影响，其相应的模型设定分别如下：一是资本约束。主要参考杰拉利（Gerali et al., 2008）提出的模型，加入"合意杠杆"因素，过高或过低的杠杆率都会导致资本贷款比率（N_t^B / L_t）偏离合意值，使得资本不足，从而导致利润受损。二是关于已有文献对流动性对银行影响的微观机制（Hachem and Song, 2021）和第4章微观模型的分析，在银行目标函数中加入流动性管理成本，即银行流动性水平（基础货币与贷款之比，RS_t/L_t），银行的流动性越高，收益越高，② 反之则相反。与前文区分银行贷款数量和风险承担水平的设定不同，在此简化的银行部门模型中，银行的信贷投放量即代表其风险承担水平。基于上述分析，银行自身利润的最优化方程为：

$$\max_{L_t} E_t \sum_{k=0}^{\infty} \beta^k \left[R^{RS} RS_{t+k} + R_{t+k}^B L_{t+k} - R_{t+k}^D D_{t+k} - N_t^B - \frac{\tau}{2} \left(\frac{N_{t-1+k}^B}{L_{t-1+k}} - \phi^{B*} \right)^2 N_{t-1+k}^B \right.$$

$$\left. + \frac{\tau^*}{2} \left(\frac{RS_{t-1+k}}{L_{t-1+k}} - \frac{RS}{L} \right)^2 RS_{t-1+k} \right] \tag{6-35}$$

资产负债表约束条件为：

$$L_t + RS_t = D_t + N_t^B \tag{6-36}$$

其中，ϕ^{B*} 为合意资本比率（银行资本/贷款），RS/L 为稳态时的流动性比率（基础货币/贷款），τ 和 τ^* 分别为资本惩罚因子和流动性惩罚因子，二者均为正。在实践中，合意资本及流动性比率分别代表了央行宏观审慎评估（MPA）体系中较为重要的资本和杠杆类指标、③ 流动性类指标,④ 也是银行在实际经营中需要重点关注的指标。

基于上述约束条件，可以得出：

---

① 对此，经济学上有一个形象的比喻："人们可以把马牵到河边，但却不能强迫它喝水。"
② 持有更多的流动性在面临冲击时是一种"溢价"，即第4章分析的流动性管理成本的镜像。
③ 包括资本充足率、杠杆率等。
④ 包括流动性覆盖率、净稳定资金比例等。

$$R_t^B = R_t^D + \beta \left[\tau \left(\frac{N_{t-1}^B}{L_{t-1}} - \phi^{B*} \right) \left(\frac{N_{t-1}^B}{L_{t-1}} \right)^2 - \tau^* \left(\frac{RS_{t-1}}{L_{t-1}} - \frac{RS}{L} \right) \left(\frac{RS_{t-1}}{L_{t-1}} \right)^2 \right]$$

$$(6-37)$$

此外，每年有 $1 - \theta^B$ 比例的银行家退休，因此银行的资本积累方程为：

$$N_t^B = (R^{RS} - 1) RS_t + (R_t^B - 1) L_t - (R_t^D - 1) D_t - \frac{\tau}{2} \left(\frac{N_{t-1}^B}{L_{t-1}} - \phi^{B*} \right)^2 N_{t-1}^B$$

$$+ \frac{\tau^*}{2} \left(\frac{RS_{t-1}}{L_{t-1}} - \frac{RS}{L} \right)^2 N_{t-1}^B + \theta^B N_{t-1}^B \qquad (6-38)$$

6.2.6 中央银行

基础货币也称作高能货币、准备金，[①] 是由中央银行的资产创造的，对央行是负债，对商业银行是资产，是商业银行和央行、商业银行之间用于交易的一种媒介，也可以视作银行之间用于交易的"货币"。在实践中，基础货币扩张有两类典型的模式：一类是外汇流入增加导致的央行"被动"投放，这也是 2003—2007 年基础货币随着外贸增长而大幅增长的原因所在（张晓慧，2018）；另一类则是央行通过各种新型货币政策工具"主动"投放，这对应孙国峰（2017）提出的"结构性流动性紧缺货币政策操作框架"理论的政策实践操作。

具体就结售汇来看，相关各方资产负债表的会计处理过程如下：对央行而言，其资产方增加一笔对国外净债权，负债则对应增加相当于外汇数量的基础货币，同时增加相应的外汇敞口；对银行而言，资产方减少对国外净债权，增加存放央行的资产（对应央行负债方的基础货币），同时，相应的外汇敞口消失。[②] 因此，由外汇交易创造出的基础货币体现为商业银行的资产、中央银行的负债。当期基础货币（RS_t）等于上期基础货币本息和（$RS_{t-1} R^{RS}$）加上当期外汇交易创造的基础货币数量（ca_t），其约束方程为：

---

① 准备金包括法定准备金和超额准备金。有不少文章、分析报告混淆了准备金与法定准备金的概念。本文对这两个概念进行了区分。

② 相关各方 T 型账户变动情况详见附录 A。

$$RS_t = RS_{t-1} R^{RS} + P_t ca_t = RS_{t-1}R^{RS} + P_t(X_t - q_t\Gamma_{ft}) \quad (6-39)$$

央行政策利率方程参考孙国峰和何晓贝（2017）提出的模型，政策利率（R_t^N）①采用标准的泰勒规则：

$$R_t^N = \rho_{R^N}R_{t-1}^N + (1-\rho_{R^N})\left[R^N + \psi_\prod \log\left(\frac{\pi_t}{\pi}\right) + \psi_Y\log\left(\frac{Y_t}{Y}\right)\right]$$

$$(6-40)$$

从央行政策利率方程可以发现，本书设定的国外需求冲击主要通过影响基础货币投放对金融和经济体系造成影响。从基础货币约束方程可以发现，经常账户会直接影响央行的基础货币水平，故国外需求 $\tilde{X}_t^*$ 带来的外生冲击不仅会造成出口及经常账户顺差的变化，还会进一步影响央行投放基础货币，造成银行的流动性变化，而流动性的紧缺会导致银行信用收缩，对经济产生持续影响。

巴伦等人（Baron et al.，2021）在最新的研究中发现，"恐慌性挤兑"引发金融危机的传统观点可能与现代银行业面临的实际风险并不相符，金融中介的信用创造和货币创造功能受损才是引发金融危机更为直接原因。因此，外汇流入减少会使得银行的流动性紧缺，其信贷投放功能会被削弱，为应对这种冲击，央行需要采取措施修复银行的资产负债表以恢复其金融中介功能。尽管在目前的文献中很少有研究将外汇外贸因素纳入央行货币政策框架，但鉴于其对中国具有特殊的重要影响，且这种影响很难简单被通胀、产出等传统货币政策目标涵盖，因此有必要对其进行专门的考虑。本部分针对外部冲击导致的信贷收缩，提出了两种区别于传统货币政策的新型货币政策工具：一是增加基础货币供应，其增量为盯住净出口缺口（以下简称MP1），更松的流动性约束既会减少银行流动性因外汇流入收缩减少的问题，也会缓解政策利率收紧的影响，可以对外需冲击带来的流动性紧缺问题进行直接对冲；二是对泰勒规则进行进一步修正，基础货

---

① 需要注意的是，政策利率为通胀率和真实利率的乘积，而存款利率也被设定为通胀率和真实利率的乘积，因此，二者在模型的设定中是相等的。

币投放减少造成流动性紧张会间接推升政策利率，在经典泰勒规则中加入盯住净出口缺口的因素，将利率水平与净出口缺口反向挂钩[①]（以下简称 MP2），可以通过降低政策利率，增加出口拉动经济增长，通过间接方式缓解外需冲击带来的金融环境收紧。

若采用 MP1，央行采用额外投放基础货币的方式对冲进出口减少造成的基础货币缺口，则基础货币变化方程调整为：

$$RS_t = RS_{t-1}R^{RS} + P_t(X_t - q_t\Gamma_{ft}) + RSmp_t \qquad (6-41)$$

其中，$RSmp_t$ 为通过 MP1 创造的基础货币，其数量设定为盯住经常账户，即经常账户缺口越大，则央行将投放越多的基础货币，其表达式为：

$$RSmp_t = RSmp - \rho_{RS}[P_t(X_t - q_t\Gamma_{ft}) - P(X - q\Gamma_f)] \qquad (6-42)$$

此时，商业银行的负债方同时增加一笔对央行的负债，其规模等于 $RSmp_t$，其利率也为央行货币政策利率，银行的利润最大化方程和资本累积方程也会相应调整。[②]

若采用 MP2，则修正后的泰勒规则方程为：

$$R_t^N = \rho_{R^N} R_{t-1}^N + (1 - \rho_{R^N})\left[R^N + \psi_{\prod}\log\left(\frac{\pi_t}{\pi}\right) + \psi_Y\log\left(\frac{Y_t}{Y}\right)\right]$$
$$+ (1 - \rho_{RS})\psi_{RS}[P_t(X_t - q_t\Gamma_{ft}) - P(X - q\Gamma_f)] \qquad (6-43)$$

6.2.7　资本品生产企业

参考克里斯蒂亚诺等（Christiano et al.，2005）提出的模型，对资本品生产企业引入投资调整的成本，其最优化目标函数为：

$$\max_{I_t}E_t\sum_{k=0}^{\infty}\beta^k\frac{\Lambda_{t+k}}{\Lambda_t}\left\{Q_{t+k}[K_{t+k} - (1-\delta)K_{t+k-1}] - \left[1 + f\left(\frac{I_{t+k}}{I_{t-1+k}}\right)\right]P_{t+k}I_{t+k}\right\}$$
$$(6-44)$$

[①]　即净出口缺口越大，政策利率水平越低。

[②]　基于本部分中模型的假设，存款利率会等于央行政策利率。截至 2020 年年末，央行公开市场操作七天逆回购中标利率为 2.20%，而上浮 50% 上限后的七天通知存款利率为 2.025%，二者差约为 17 基点。为了简化计算过程，认为存款利率和贷款利率一致。从结果看来，二者的差异不会对结果造成重大影响。

资本积累方程为：

$$K_t = (1 - \delta)K_{t-1} + I_t \qquad (6-45)$$

$f(x)$ 为调整成本函数，其满足 $f(1) = f'(1) = 0$，一阶条件可以得出：

$$Q_t = P_t\Big[1 + f\Big(\frac{I_t}{I_{t-1}}\Big) + \frac{I_t}{I_{t-1}}f'\Big(\frac{I_t}{I_{t-1}}\Big)\Big] - \beta E_t P_{t+1}\frac{\Lambda_{t+1}}{\Lambda_t}\Big(\frac{I_{t+1}}{I_t}\Big)^2 f'\Big(\frac{I_{t+1}}{I_t}\Big)$$

$$(6-46)$$

6.2.8　市场出清条件

根据 LCD 理论，只有商业银行同企业（居民）之间的涉及货币的债权债务交易才会创造（消灭）货币，而其他主体之间的交易只会发生货币的转移。在期末，中间品生产商会将卖出中间品获得的货币用于偿还银行贷款，在支付企业家退休带走的部分和收到新进入企业家带入部分后，余下的货币将存入银行。因此，期末存款持有形式只有中间品生产商的资本和居民存款两部分，故在存款市场上存在下面的约束：

$$D_t = M_t + N_t^e \qquad (6-47)$$

经济体整体的资源约束条件为：

$$Y_t = C_t + \Gamma_{ht} + X_t + \Big[1 + f\Big(\frac{I_t}{I_{t-1}}\Big)\Big]I_t + \frac{\Omega}{2}\Big(\frac{\pi_t}{\pi} - 1\Big)^2 C_t + \frac{\tau}{2}\Big(\frac{N_{t-1}^B}{L_{t-1}} - \phi^{B*}\Big)^2 \frac{N_{t-1}^B}{P_t}$$

$$- \frac{\tau^*}{2}\Big(\frac{RS_{t-1+k}}{L_{t-1+k}} - \frac{RS}{L}\Big)^2 RS_{t-1+k}^B + \mu R_t^K K_{t-1} G(\overline{\kappa})\frac{Q_{t-1}}{P_t} \qquad (6-48)$$

此外，定义真实 GDP 为：

$$GDP_t = C_t + I_t + X_t - q_t\Gamma_{ft} \qquad (6-49)$$

6.3　参数校准及模拟结果

6.3.1　参数校准

本书中的参数主要通过已有文献结合现实数据校准后得到。中间产品生产商的参数主要参考何晓贝和孙国峰（2017）、Bernanke 等（1999）提出的 BGG 模型中的数值，最终产品生产部门的参数则主要与 Chang 等（2015）提出的模型中的数据一致。采用上述参数校准后，主要变量与近年来真实数据或相关文献中的取值保持一致：稳态时的企业杠杆率（ϕ^e）为 1.88，与资金流量表中的非金融企业杠杆率相符；银行净资本与贷款稳态时的比例为 11.8%，与银行资本充足率要求保持一致；稳态时的存款利率为 0.4%，与国内活期存款基准利率一致。具体参数取值如表 6.1 所示。

表 6.1 模型参数含义及校准值

符号	含义	数值	校准依据
β	折现率	0.99	按照 2019 年末通胀率计算
Φ_m	货币效用系数	0.0473	Chang 等（2015）
Φ_l	劳动效用系数	5.06	Chang 等（2015）
η	劳动弹性	2	Chang 等（2015）
ϕ	中间产品在最终产品中占比	0.5	Chang 等（2015）
Ω	价格调整系数	60	按照劳动时间占比约 50% 校准
θ_p	最终产品替代弹性	10	Chang 等（2015）
α_p	原材料在中间产品生产中占比	0.67	Chang 等（2015）
α_{hp}	国内原材料在总原材料中占比	0.6	Chang 等（2015）
μ	银行审计成本系数	0.12	孙国峰和何晓贝（2017）提出的模型
θ	国外需求弹性	1.5	Chang 等（2015）
ξ^e	新进入中间产品生产商带入资本系数	0.0096	依据白重恩和张琼（2014）构建的模型计算得到的资本回报率校准
θ^e	每期不退休中间产品生产商比例	0.968	依据企业破产率校准
θ^B	每期不退休银行家比例	0.975	孙国峰和何晓贝（2017）提出的模型
R^{RS}	银行准备金利率	1.000875	根据人民银行准备金利率计算
τ	合意贷款调整系数	5	孙国峰和何晓贝（2017）提出的模型
τ^*	流动性惩罚系数	0.05	刘孟儒和沈若萌（2020b）提出的模型
ϕ^{B*}	银行合意杠杆水平	0.09	孙国峰和何晓贝（2017）提出的模型
δ	折旧系数	0.025	孙国峰和何晓贝（2017）提出的模型
σ_κ	中间品产品生产商资本回报随机冲击	0.3	孙国峰和何晓贝（2017）提出的模型

符号	含义	数值	校准依据
ρ_{RS}	货币政策工具 MP1 参数	0.8	可调节参数
ρ_{RN}	央行利率平滑参数	0.8	孙国峰和何晓贝（2017）提出的模型
ψ_Π	泰勒公式通胀参数	1.5	孙国峰和何晓贝（2017）提出的模型
ψ_Y	泰勒公式产出参数	0.5	孙国峰和何晓贝（2017）提出的模型
ψ_{RS}	货币政策工具 MP2 参数	2	可调节参数

注：其中标注为"可调节参数"的变量还会在后文进行进一步详细分析。

此外，为了更好地捕捉近年来外需变化的影响，对与外需相关的参数 ρ_X 和 σ_X，本文采用了 2004—2020 年的真实外贸数据对其进行了校准。参数先验分布的选择主要参考李向阳（2018）总结的经验法则，得到的结果如表 6.2 所示。相关参数的估计结果在文献中的合理范围内。

表 6.2 外需相关参数估计结果

参数符号	含义	先验均值	先验分布	后验均值	标准差/10^{-5}
ρ_X	国外需求收敛系数	0.90	Beta	0.97	0.014
σ_X	国外需求冲击方差	0.01	Inv. Gamma	0.10	0.170

6.3.2 脉冲响应结果分析

国外需求萎缩冲击导致出口的减少，造成经常账户出现逆差，其既会直接影响企业出口，拖累经济表现，也会造成基础货币收缩，通过金融渠道间接影响经济。央行通过挂钩与进出口相关的基础货币缺口创造基础货币（MP1）和引入进出口缺口的修正泰勒公式（MP2）两种货币政策工具进行对冲，二者取得的作用效果和作用机制不同。

本部分引入的负向的国外需求冲击的大小为稳态值的 1%。除利率类变量（如存贷款利差）为偏离稳态的绝对值外，其他所有变量的结果都为偏离稳态值的百分比（下同，不再赘述）。得到的主要变量脉冲响应结果如图 6.2 所示。

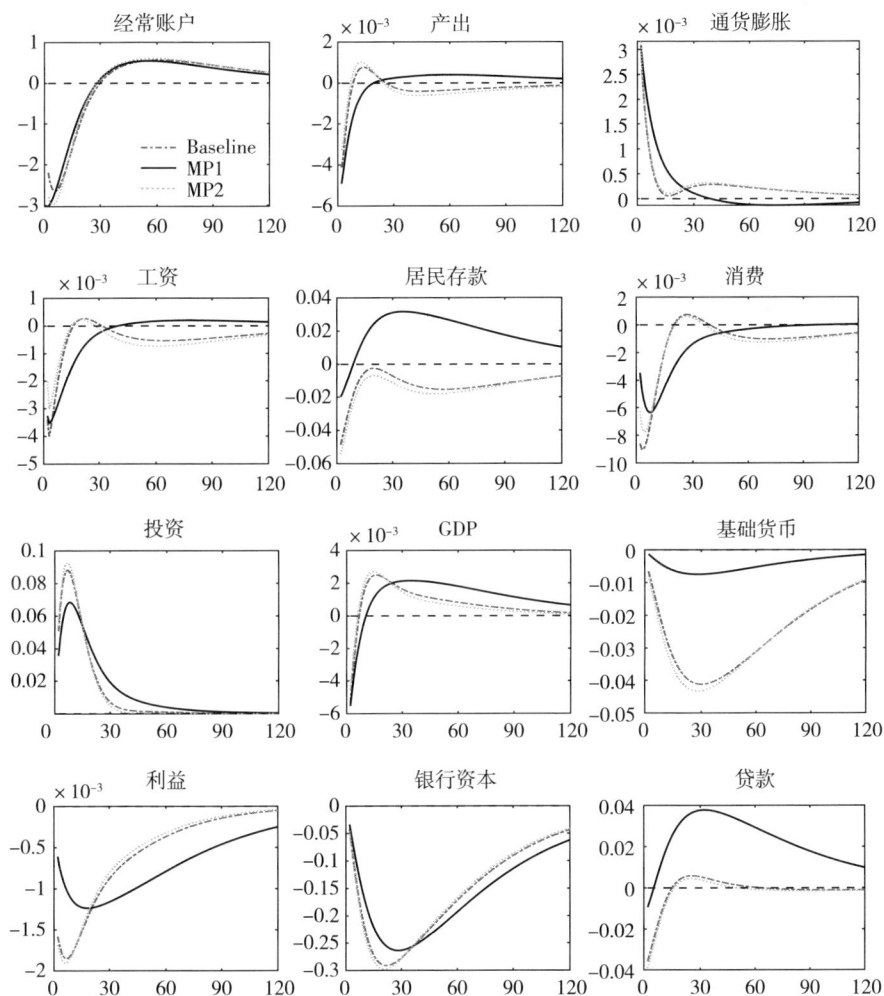

图 6.2 主要变量对负面国外需求冲击的脉冲响应结果[①]

从脉冲响应图可以看到，在基准情形下，负向的国外需求冲击会导致经常账户迅速收缩，并引发经济、金融等一系列变量发生相应的变化。

[①] Baseline 为基准模型，MP1 为央行采用挂钩进出口缺口投放基础货币的货币政策工具模型，MP2 为央行目标函数中加入进出口缺口因素进行修正后的泰勒规则货币政策模型。下同。

从对经济变量的影响来看，国外需求冲击会造成产出的下降，居民真实收入和存款也受到拖累，从而下跌，消费相应下滑；尽管消费和出口都表现疲弱，但由于真实利率下降和边际资本产出上升导致投资出现了逆势上升，并成为拉动经济回升的主要动力，这也与中国 2008 年外需受到国际金融危机剧烈冲击大幅下滑后，通过"4 万亿"一揽子计划扩大基建投资维持经济增长的情况一致。但这种投资拉动的模式，也会造成对消费的挤出，导致产出和经济的恢复比较缓慢。从对金融变量的影响来看，基础货币收缩后，银行的流动性受到冲击，其金融中介功能如上文所分析的那样，出现明显的衰退：一是流动性约束趋紧，银行信贷行为趋于谨慎，贷款投放数量下降，对实体经济的支持力度减小；二是金融风险加大，存贷利差收窄，银行利润受到挤压，拖累银行资本水平下降，进一步使得杠杆率偏离合意值，贷款数量有所反弹后又再度被拖入负增长区间。金融部门受到的冲击会反向传导至实体经济，产出、工资和消费等变量在负面冲击逐渐消失有所恢复后，又受到银行信贷收缩的影响，出现再次下滑。此外，金融冲击也使得信贷供给出现了收紧，信贷的收紧推升了贷款利率，从而推高通胀。这种收紧作用甚至在短时间内超过了需求下滑对通胀的拖累，最终使得通胀出现了上升。但从长期来看，外需仍然是影响总需求的主因素，外需下降会拖累信贷需求迅速下滑，导致通胀也迅速回落。在现实中，比较接近这种情况的是国际金融危机期间的情况。在危机爆发之初，国外需求迅速下滑，中国的贸易顺差在 2008 年第一季度下滑 12% ~ 17%，下降到 15% 左右，同一时期的 CPI 却高达 8%。而到 2008 年年底，受国外需求的拖累，CPI 下滑到 5.9%，到 2009 年第一季度甚至下滑到 - 0.6%。总之，外需萎缩既会通过影响总需求对经济造成直接冲击，也会通过金融渠道对经济造成间接冲击，整体上造成比较严重的影响。

与基准模型对比可以发现，以修复银行资产负债表为核心的货币政策工具 MP1 能对外需冲击造成的金融和经济衰退共振起到比较明显的对冲作用。具体来看，MP1 虽然不能改善经常账户受到的负向冲击①，但盯住基本账户缺口投放基础货币可以很好地对冲基础货币投放减少的问题，防止银行因流动性收紧、资产负债表受损导致的信贷收缩。在这种逆周期调节作用下，贷款投放几乎没有出现下滑，并保持了一定的增长。息差水平受影响相对较小，银行盈利水平保持了一个比较平稳缓慢的调整，银行资本的下降幅度也小于基准模型下的结果。由于金融的逆周期调节作用，产出能保持较为稳定的复苏，后期的反弹持续时间更长且比较稳定。MP1 对居民的工资、存款、消费的影响也都类似。这也表明更加稳定的金融环境使得上述变量在受到短暂冲击后可以稳步恢复，不会再次受到金融收缩的拖累而下滑。此外，投资的波动情况也相对更加温和，GDP 恢复强度要大大高于基准模型。可以发现，MP1 虽然不能从根本上改变经济的运行，但通过修复银行资产负债表，保持银行金融中介的支持力度，可以使得经济在面临外部冲击后的复苏更加稳健可持续。

　　MP2 对冲外部冲击的作用机制是在泰勒规则对产出和通胀做出反应的基础上，通过央行针对经常账户的缺口进行降息，将利率由银行传导至实体经济，最终通过降低企业债务负担的方式帮助企业降低成本，以达到刺激出口、恢复经济的目的。在本模型中，传统泰勒规则对于外需冲击的应对效果会打折扣：高通胀、低产出导致经济实际上陷入了滞胀，虽然低产出会刺激央行降息，但高通胀在一定程度抵消了这种自我调节作用，最终使得经济的恢复比较缓慢。MP2 的重点在于在产出和通胀之外找到货币政策额外的"锚"，以打破在外需冲击下滞涨作用对央行利率调节作用的弱化。MP2 作用机制的重点在于调节利率，其几乎没有对银行资产负债表产生修复的作用，基础货币、息差、银行资本较基准模型变化不大，故其对信贷萎缩的逆周期调节作用不及 MP1。因此，MP2 对金融条件的改善作用

---

　　① 实际上，货币政策并不能从需求侧对冲国外需求萎缩造成的总需求减少，财政政策则可以通过增加政府支出起到拉动需求的作用。彭俞超等（2019）提出的模型就是重点讨论非线性财政政策如何应对外需萎缩的冲击。本部分的重点在于讨论货币政策如何应对经常账户收缩对金融的影响，因此，模型中没有引入财政部门。当然，这也是本部分所构建模型的局限所在。

不大，其对实体经济的刺激作用主要是通过降低利率实现，产出、真实工资、消费的降幅均小于基准模型，但由于缺乏对金融冲击的应对，这些变量与基准模型下类似，也很快会被再度转为负增长，恢复较为缓慢。企业依赖增加投资维持产出水平的情况也没有得到很好的改善。部分经济变量的波动性不仅没有收敛，反而进一步放大。

总之，在面临国外需求冲击时，MP1 能够缓解银行资产负债表的冲击，提升金融变量的内生稳定性，因此，也更有利于提高金融对实体经济支持的持续性；MP2 则偏向于利用利率工具在短期内缓解企业受到的外部冲击，刺激经济回归正轨，但这种刺激后遗症较大，对经济的长期稳健增长是不利的，可能加剧经济的起伏波动。

此外，从结果来看，外需冲击既会对需求造成冲击，也会引起金融冲击，那么两种冲击对经济的贡献分别有多大呢？为了解决这一问题，本节将外需冲击分解为纯粹的需求冲击和基础货币冲击：在资源约束方程 6 - 48 中增加一个外生的冲击，在基础货币投放方程 6 - 39 中增加一个规模相同的外生冲击。构建完新的模型后，通过方差分解分析金融冲击和需求冲击对消费、工资、贷款、产出、GDP 等变量的影响，结果如表 6.3 所示。可以看出，金融冲击在模型中起到了较大的作用：对于消费、工资和贷款而言，金融冲击起到了绝对主导作用；对于产出、GDP 而言，需求冲击起到主导作用，但金融冲击的贡献度均超过 20%，同样不可忽视。这也正是面临外需冲击时需要央行通过货币政策进行逆周期调节的必要性所在。

表 6.3　需求冲击和金融冲击对相关变量的方差分解结果　单位：%

变量	消费	工资	贷款	产出	GDP
需求冲击	7.62	12.24	7.41	77.35	78.53
金融冲击	92.38	87.76	92.59	22.65	21.47

6.3.3　不同政策组合的应对效果

MP1 和 MP2 分别采用数量型货币政策工具和价格型货币政策工具对外

需冲击进行反应。那么，如果对两种政策进行不同程度的组合，是否能兼顾长短期效果，进一步减少不利冲击对经济上下波动的影响呢？

图 6.3 和图 6.4 给出了不同政策组合下，相关变量的变动情况。图 6.3 显示了 MP1 保持不变，调节 MP2 的系数时，相关变量的脉冲响应结果。从图中可以发现，相对于仅采用 MP1 的情况，加入 MP2 并不能进一步提升经济恢复的持续性。具体来看，与仅采用 MP1 相比，随着 MP2 中代表进出口缺口敏感度的系数 ψ_{RS} 的提高，央行降息的幅度也越大。在前期，政策的叠加效果较好，投资、就业、工资、消费、GDP 等经济变量随着 ψ_{RS} 的增加，反弹速度较快。但同时可以观察到，随着 MP2 的引入，基础货币的降幅反而更大，银行资产负债表的修复情况不佳。此外，MP1 和 MP2 组合的弊端也显现出来，政策的相互叠加和相互加强会放大波动：随着外需冲击逐渐减小，当经常账户由负转正时，货币政策转向幅度较大，

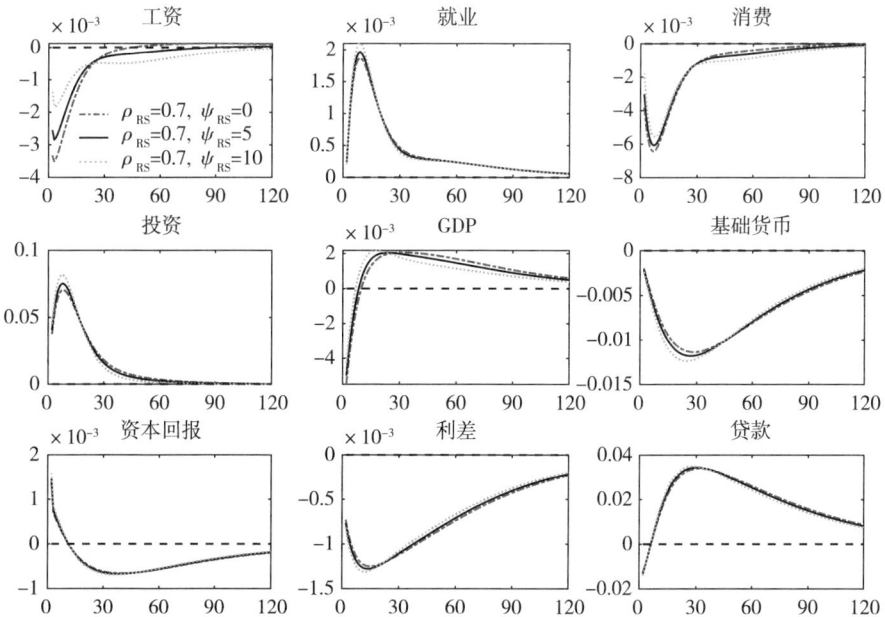

图 6.3　ρ_{RS} 不变时，不同 ψ_{RS} 水平下相关变量的脉冲响应

导致当 ψ_{RS} 增大时，工资、消费、投资、GDP 等指标在后期的复苏乏力。整体来看，当 MP1 保持不变而改变 MP2 的调节力度时，相关经济指标的整体情况并没有变得更好。在"福利分析"部分还会对 MP1 和 MP2 的不同组合进行定量分析比较。

图 6.4 代表在 MP2 不变，调整 MP1 的强度时，不同变量的脉冲响应情况。与仅采用 MP2 相比，随着代表 MP1 强度参数 ρ_{RS} 的变化，经济指标会发生较为显著的变化。从图中可以看到，随着 ρ_{RS} 增加，基础货币对冲效果明显提升，银行的资产负债表会得到较好的修复。因此，从复苏的持续性来看，在 MP2 的基础上加入 MP1 能够大幅改善工资、消费、就业和 GDP 等经济变量在后期的复苏力度，且随着 ρ_{RS} 的增加，这种效果更佳明显。同时，MP1 的引入会减少资本收益率的降幅，导致投资的增长放缓。在 ρ_{RS} 还相对较小时，央行投放的流动性补充对银行信贷增加产生的福利

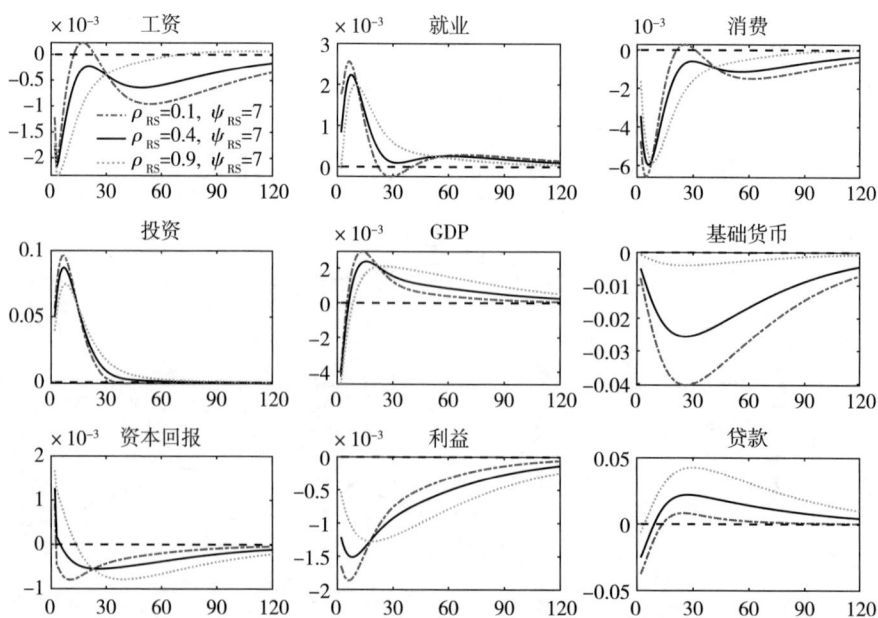

图 6.4 ψ_{RS}不变时，不同ρ_{RS}水平下相关变量的脉冲响应

提升不足以弥补前期投资放缓造成的福利损失，就会导致加入 MP1 后整体的经济复苏情况会更差。同时，加入 MP1 后，在信贷投放增长的同时，银行利差的恢复速度却相对较慢，银行积累内生资本的能力会下降，不利于维护金融稳定。

整体来看，将 MP1 和 MP2 组合可能会使数量型政策和利率型政策的相互掣肘，导致在外需冲击后经济的复苏情况并不稳定。

6.3.4　福利分析

在分析脉冲响应图的基础上，为了定量比较 MP1 和 MP2 两种货币政策及二者政策组合的效果，本书还参考 Chang 等（2015）提出的方法，对两种货币政策工具及组合政策的福利效应及其主要经济变量的波动情况进行定量分析。在进行福利分析时，假设在采用对应的货币政策工具后，居民的效用增加至 U^{MP}，而居民通过减少消费可以得到与基准模型一样的效用 U^{bsl}，则减少的消费水平 Δ 就是福利提升的水平，其表达式为：

$$E \sum_{t=0}^{\infty} \beta^t \left[\log(C_t^{MP}(1-\Delta)) + \Phi_m \log\left(\frac{M_t^{MP}}{P_t^{MP}}\right) - \Phi_l \frac{(H_t^{MP})^{1+\eta}}{1+\eta} \right] = U^{bsl}$$

$$(6-50)$$

隐含的福利水平计算公式为：

$$\log(1-\Delta) = \frac{1}{1-\beta} \times (U^{bsl} - U^{MP}) \qquad (6-51)$$

宏观经济变量的波动性则用 GDP、价格、投资、经常账户、企业违约率、银行资本等变量的标准差来代表。使用 MP1 和 MP2 两种货币政策工具后，宏观经济变量波动情况和福利提升水平对比如表 6.4 所示。

表6.4　不同情境下宏观经济变量波动情况和福利提升水平

波动情况	基准模型	MP1	MP2
福利提升水平	—	0.5661	0.1563
GDP 波动/ $\times 10^{-3}$	0.5387	0.4450	0.5209
价格波动/ $\times 10^{-3}$	0.5243	0.2407	0.5781↑

续表

波动情况	基准模型	MP1	MP2
投资波动/×10⁻³	1.1112	0.9143	1.1663 ↑
经常账户波动/×10⁻³	0.0583	0.0395	0.0644 ↑
违约率波动/×10⁻³	4.7858	1.7121	5.1997 ↑
银行资本波动/×10⁻³	0.6005	0.3619	0.6189 ↑

注：标注"↑"代表采用对冲策略后，波动大于基础模型下波动的情况。

从居民部门福利水平的变动情况来看，两种货币政策在面临两类冲击时均能显著提高居民部门的福利水平，且 MP1 的提升幅度高于 MP2。从宏观变量的稳定性来看，MP1 在保障经济平稳运行方面表现更为突出，几个主要经济变量的波动性全部小于基准模型下的波动，而 MP2 则会加大绝大部分经济变量的波动。总体来看，MP1 的政策效果在当前面临巨大不确定性的外需冲击，政府全力落实"六稳""六保"的大背景下，具有特别的意义：其可以更好地稳定市场的预期，防止经济的大起大落，为经济恢复提供不断持续的动力。从中也可以看到，虽然货币政策很难直接对冲总需求萎缩导致的经济下滑，但却可以为经济稳定发展营造良好的金融环境。

采用上述福利分析的方法定量分析 MP1 和 MP2 组合的效果，可以发现二者组合的效果对于提升居民福利水平没有帮助，在某些政策组合下，居民的福利水平甚至还会下降（见图 6.5）。而整体来看，组合的福利水平低于任意单一政策带来的福利水平。这也进一步证明，对于外需冲击，设计的货币政策的效果需要严格限制在修复银行资产负债表的范围内，过度使用金融刺激政策，可能会导致政策实施的效果大打折扣。实际上，美国的量化宽松（Quantitative Easing, QE）也是采用价格型政策（短期内降息至接近零）和数量型政策（大量购买债券，投放基础货币）相结合的办法，以期缓解金融危机冲击造成的总需求下滑（Blinder，2010）。而现在回顾量化宽松的结果，我们也发现，其虽然在短期内稳定了资本市场，但并没有真正意义上促进美国经济从危机中恢复并走向平稳发展，反而助推了资产泡沫的形成，为下一轮危机的爆发埋下了隐患。参考美国量化宽松的经验和教训，结合本文模型的结果，我们也发现，过度使用货币政策对冲并不能更快更有效地解决危机，反而会对经济社会的稳定发展带来不确定性。①

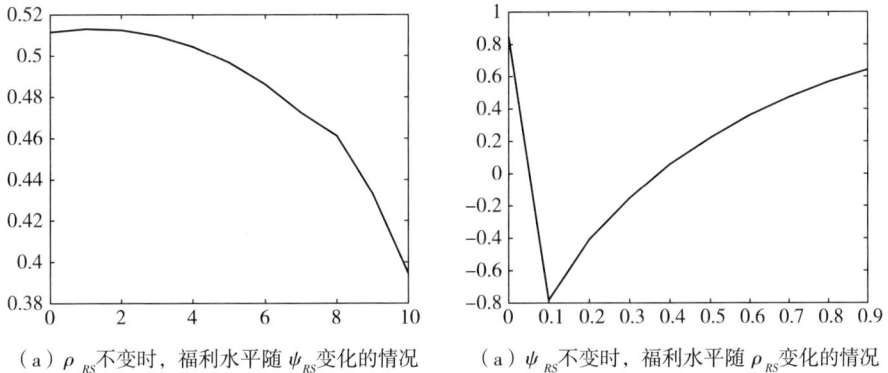

（a）ρ_{RS} 不变时，福利水平随 ψ_{RS} 变化的情况　　（a）ψ_{RS} 不变时，福利水平随 ρ_{RS} 变化的情况

图 6.5　MP1 和 MP2 政策组合在不同风险冲击水平下对相关变量的影响②

6.4　人民币国际化对外需冲击的影响

如前文分析，外贸外汇对中国经济存在双重影响，一是外需冲击直接造成的影响，二是通过金融渠道间接造成的影响。美国的进出口贸易实现了相当高程度的本币化，所以，外贸冲击带来的金融影响在美国并不显著。当前，人民币国际化程度水平并不高，③ 所以，我们无法直接观察到在中国的经济金融环境下人民币国际化对经济整体的福利表现是否会有较大影响。但未来，随着人民币国际化向纵深发展，我们也有必要对此进行

---

① 不同的 MP1 和 MP2 组合也会加大相关经济指标的波动，为避免重复不再列出。
② 其中，图 6.5（a）代表 $\rho_{RS}=0.8$ 时，居民福利效应随 ψ_{RS} 变化而变化的情况；图 6.5（b）代表 $\psi_{RS}=2$ 时，居民福利效应随 ρ_{RS} 变化而变化的情况。
③ 根据中国人民银行《2020 年人民币国际化报告》，2019 年货物贸易项下，人民币跨境收付金额占同期本外币跨境收付比重为 13.4%，虽较前几年有所提升，但绝对比例仍然较低。

进一步评估。如果一定程度上实现了货物贸易的人民币结算，外需对中国的冲击又会发生怎样的改变呢？外需冲击附带的金融属性是否会相应减弱呢？MP1 和 MP2 是否还能起到明显的对冲作用呢？

6.4.1　人民币国际化在一般均衡模型中的体现

目前，纳入人民币国际化的一般均衡模型还鲜有学者进行过研究。由于本部分的模型通过引入基础货币将外贸外汇这一实体经济要素和基础货币及贷款等金融要素有机联系起来了，因此，可以方便地对人民币国际化程度进行模型化定量描述。假设经常项目下人民币国际化程度为 α_R [1]，同时考虑到贸易对手方需要支付一定的人民币保值费用[2]，所以将其也纳入模型。保值费用需要考虑到远期结售汇的点差对企业带来的财务成本。从理论上分析，通过有抛补的利率平价公式（Covered Interest Rate Parity，CIRP）可以计算出理论的远期掉期点。由于各种摩擦的存在，CIRP 在大多数情况下是不成立的。因此，需要采用实证方法对掉期点的影响因素进行分析，以更好地构建人民币国际化模型。

从 CIRP 公式可以看出，掉期点受即期汇率、利差的影响。但在现实中，由于外汇掉期的叙做主体是商业银行[3]，掉期点与银行间融资成本密切相关。此外，中国的外汇交易受到诸多制度性限制，而众多制度中最为重要的就是人民币汇率形成机制。在 2015 年 "8·11" 汇改后，人民币的汇率形成机制发生了重大变化。基于上述考虑，笔者采用相关的时间序列数据对掉期点的影响因素进行了分析，结果表明，掉期点影响因素在汇改

---

[1]　即有 α_R 比例的外贸交易通过人民币进行。

[2]　实际上，对于以美元进行的外汇交易，中方企业在进出口时为了减少外汇波动带来的不确定性，使得财务收入稳定、成本可控，也会支付相应的交易费用，通过远期、掉期交易对外汇收入、支出进行保值。虽然现在人民币国际化尚未大规模实现，还无法观察到未来是否也会出现类似的情况，但根据目前美元及其他主要国际货币的情况推论，对于离岸的人民币交易，对手也会产生相应的保值成本，且这些成本最终也会转嫁到本国商品进出口定价中。

[3]　虽然缺乏具体的统计数据，但根据笔者在日常工作中与远期交易员的访谈调研结果，可以推测，超过90%的银行间外汇掉期交易均是在商业银行间叙做。

后与中美无风险债券利差呈显著正相关关系、与银行间流动性呈负相关关系，这也表明在国内外利差增大、流动性趋紧时，掉期点会上升并导致人民币保值成本相应提高（详细回归过程和结果参见附件D）。

根据上述分析，考虑人民币国际化因素后将经常项目调整为人民币和外汇两部分。将保值费用纳入模型后，人民币经常账户顺差与人民币利率（R_t^N）和外币利率（R_t^*）的利差[①]，以及银行间流动性水平（RS_t/L）相关，其系数分别为$-\phi_R$、ϕ_L。此时，经常项目的表达式为：

$$ca_t = P_t(X_t - q_t\Gamma_{ft})\left[(1-\alpha_R) + \alpha_R\left(1 - \phi_R\frac{R_t^N - R_t^*}{R_t^*} + \phi_L\frac{RS_t}{L_t}\right)\right]$$

$$(6-52)$$

GDP、资源约束方程等也会进行相应的调整，这里限于篇幅不再重复。针对央行的基础货币投放，只有以外汇结算的部分会通过前文所述的央行基础货币投放渠道产生影响，而人民币贸易部分则不会产生影响，故央行的基础货币约束方程调整为：

$$RS_t = RS_{t-1}R^{RS} + (1-\alpha_R)ca_t = RS_{t-1}R^{RS} + (1-\alpha_R)P_t(X_t - q_t\Gamma_{ft})$$

$$(6-53)$$

6.4.2 考虑人民币国际化后的模型模拟及福利分析结果

通过调整α_R可以分析人民币国际化程度对外需冲击的影响，本章重点关注基础货币、银行信贷、GDP和消费在不同人民币国际化程度下的变化情况。在此基础上，再进一步比较MP1和MP2在不同的人民币国际化程度下的变化情况（见图6.6）。

---

① 实际上，国外利率的计算同样可以纳入一般均衡框架进行考虑，但要单独进行分析就需要引入资本项目下的投资标的（如国债、央票等），这就会使得模型更加复杂，不利于对主要问题的分析。而国外主要经济体已经持续多年基本维持了接近0的利率。基于简化模型、突出主线的考虑，本文假设国外利率（R_t^*）保持在1。

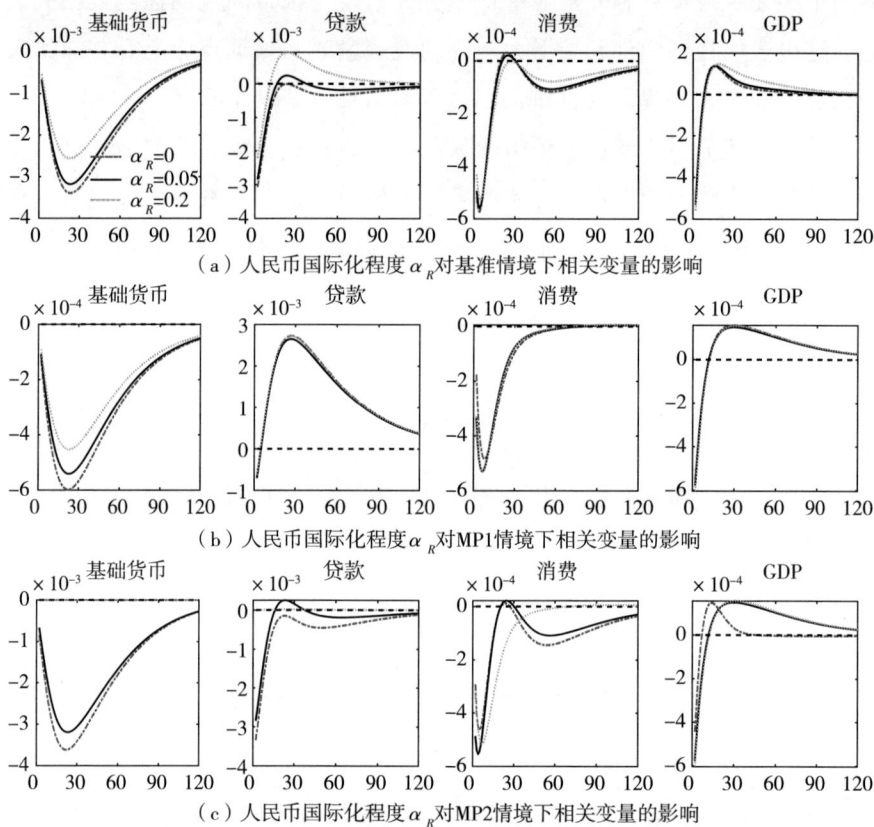

（a）人民币国际化程度 α_R 对基准情境下相关变量的影响

（b）人民币国际化程度 α_R 对MP1情境下相关变量的影响

（c）人民币国际化程度 α_R 对MP2情境下相关变量的影响

图6.6　人民币国际化程度对经济金融变量的影响

　　脉冲响应的结果表明，随着在贸易中使用人民币占比的不断提高，外需冲击对基础货币投放的影响逐渐减小，相应的银行资产负债表衰退也逐渐减弱。正是由于外需冲击对金融的冲击大大减少，即使不额外采用对冲性的货币政策，银行的贷款投放也会随着外需冲击的逐渐消失而得到自然恢复，因此，以消费和GDP为代表的相关经济变量能够很快得到恢复。福利提升的定量分析也可以得到进一步验证，随着人民币国际化程度的提升，MP1和MP2均不再能提高居民部门的福利水平（见图6.7），这与未考虑人民币国际化的情况存在显著的差异。

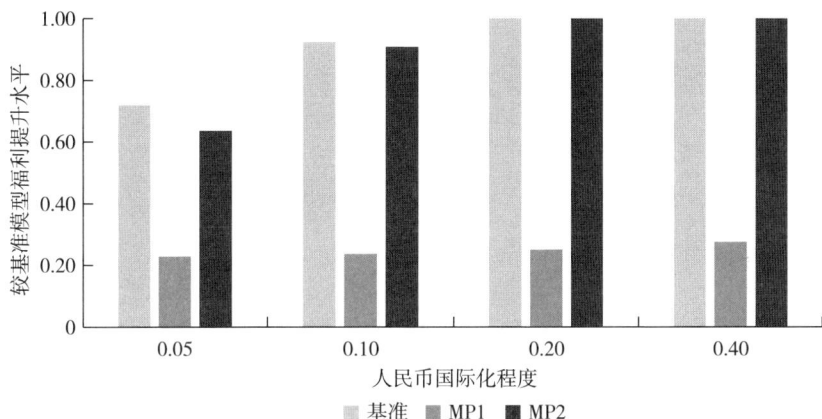

图 6.7　不同人民币国际化程度下居民福利提升水平①

人民币国际化的分析进一步验证了前文的结论，即外需的冲击既体现在实体经济要素上，也体现在金融要素上，二者相互作用、相互加强。随着人民币国际化程度的提高，外需冲击具有的经济、金融双重属性逐渐退化为单纯的经济属性。从结果来看，在不考虑其他因素的前提下，人民币国际化整体上有利于提升经济应对外部冲击的韧性：随着人民币国际化程度的提高，单独针对外汇特性的货币政策的作用将会减弱，经济可以依靠自身的调节机制应对冲击并逐步回到正轨，这也会相应降低政策成本。

6.5　研究结论与启示

本章构建了一个引入基础货币的开放经济 DSGE 模型，研究了在加快构建"双循环"新发展格局的背景下，外需冲击导致的结售汇变化对金融和经济造成的影响及应对之策，主要得到了如下几点结论。

---

① 计算福利提升水平时的基准为无人民币国际化水平的基准模型。

第一，外贸萎缩带来的冲击不仅会直接拖累经济，还会通过影响基础货币投放，造成银行的流动性收缩和资产负债表衰退，使银行的风险偏好趋于谨慎，贷款投放意愿下降，并挤压银行利润和资本水平，积累一定的金融风险。信贷收缩会进一步加剧实体经济的波动，导致经济风险和金融风险发生共振。因此，必须从"稳金融"的角度出发对外需萎缩进行对冲：一种方式是央行直接提供与进出口缺口挂钩的基础货币（MP1），迅速修复银行资产负债表，恢复银行的风险承担能力，保证贷款的平稳投放；另一种方式是在泰勒规则中加入进出口缺口因素（MP2），降低企业成本，快速恢复实体经济。结果表明，MP1 对经济的恢复作用相对 MP2 更持续，也更有利于维持经济的稳定。当然，现实中影响外汇流入的因素十分复杂，实践中不能完全套用模型，但上述结论对央行决策具有一定参考价值。

第二，从模型分析的结果来看，过度使用货币政策（例如，使用数量型和价格型货币政策组合），不仅不利于提升居民福利水平，反而会加剧经济的波动。因此，货币政策应当以守好货币"总闸门"为要务，保证货币增速、利率水平与经济发展基本匹配，坚决防止过度使用货币政策导致的"大水漫灌""票子变毛"等情况（易纲，2020），保持居民和企业预期的稳定性，这也是党的十九届五中全会提出"建设现代中央银行制度、完善货币供应调控机制"的应有之义。

第三，人民币国际化能够减少外部冲击，提升金融系统稳定。本章通过构建一般均衡框架下人民币国际化的分析模型，发现人民币国际化对于增加金融系统稳定性、保障经济发展、提高居民福利具有重要意义，且这种作用随着人民币国际化水平的提升而不断得到强化。即使考虑了我们承担境外主体使用人民币过程中的保值成本，人民币国际化依然能够带来整体收益的上升。同时，在面临冲击时，之前设计的货币政策工具 MP1 和 MP2 的作用也随着人民币国际化程度的提升而减弱。总之，人民币国际化不仅能够促进贸易和投资的便利化，还在一定程度上有利于维持金融稳定，保障经济发展。因此，结合"十四五"规划和 2035 年远景目标，抓住近期进一步扩大金融对外开放的重要机遇，在短期内通过改革减少跨境使用人民币的制度性障碍，不断完善相应的基础设施，进一步提升人民币国际化水平，对我国经济发展行稳致远具有重要的战略意义。

第7章 "双循环"新发展格局下的
结论及政策建议

7.1 本书主要结论

本书既研究了结售汇如何改变微观层面银行的风险承担能力和信贷投放，又分析了结售汇如何通过银行的信贷行为对宏观经济产生影响；既从理论层面上，建立了开放经济环境下，银行信贷行为如何受结售汇影响的理论框架，又从实证层面验证了理论预测的准确性。相对于已有文献，本书的边际贡献在于，研究了外汇如何通过作用于银行资产负债表从而对银行信贷和宏观经济产生影响，建立了从微观到宏观、从局部到均衡、从理论到实证的完整分析框架。在当前中国面临空前严峻复杂的国际经济形势的情况下，本书的研究对于理论研究者和政策制定者均有一定参考意义。

（1）详细梳理了中国外汇管理制度发展的历史沿革，并与全球主要代表性国家进行了国际对比。中国的外汇管理经历了从严格管制到逐渐放开的过程，到今天仍然处在体制变革的进程中。从改革开放后放开严格的外汇管制允许部分企业的外汇留成，到"94汇改"强调市场在外汇管理体制中发挥的重要作用，然后到加入世界贸易组织后加强国际收支平衡管理和探索资本项目对外开放，再到之后进一步强调贸易投资便利化、提高人民币国际化水平。而在国际比较方面，分别选取了日本、法国、泰国和巴西这四个涵盖发达国家和新兴市场国家的样本，但它们的外汇制度改革都经历了反复和曲折：日本和法国互为镜像：日本泡沫经济破灭陷入"失去的十年"后，日本政府过于激进的外汇自由化改革和汇率政策并没有将日本经济拉出"泥潭"；而法国的外汇管理体制改革则更为稳健，其维持了相当长时间的资本管制，法国的经济也没有出现大起大落的情况，现在已完全融入欧盟体系。泰国和巴西则是新兴市场国家中经历金融危机国家的典型代表，两国都因为过早开放资本账户和采用相对固定的汇率政策，导致外债大幅增高的同时，在面临冲击时缺乏有弹性的汇率调节和有效的资本管制工具，最终导致了金融体系的崩溃。

（2）建立了结售汇如何影响银行资产负债表和信贷投放的微观模型，并采用银行结售汇数据进行了实证检验。结合外汇占款是人民银行基础货币投放主要渠道的事实，通过对银行资产负债表各项目的分析，建立了分析银行信贷行为的理论模型。理论推导的结果显示，在银行资本约束不变的条件下，净结汇的增加会缓解银行的流动性约束，银行会倾向于提高风险承担水平以充分利用有限的资本资源获取更多的利息收入。此外，理论模型还做了银行规模的异质性分析，并发现由于大型银行有更强的吸储能力，其面临的流动性约束较中小银行更小，在流动性增加时，大型银行更有动力提高风险承担水平，因此，净结汇的增加对大型银行的作用要强于对中小银行的作用，而吸储能力越强时，这种效应也越强。采用 10 家上市银行的面板数据进行实证检验的结果也验证了理论模型的预测。为了减少外汇流入和银行风险偏好水平之间可能存在的内生性问题，本书引入了银行资产负债表上的"对央行负债"科目作为工具变量，得到了有说服力的实证结果。在实证基础上的反事实数值模拟显示，银行风险承担水平提升程度受净结汇增加的影响存在上限；大型银行和中小银行的存款分配越均匀，二者的风险偏好水平越接近；市场对流动性恐慌水平越高，银行的预防性流动性需求越高，结售汇对风险承担水平的影响作用越不明显。

（3）银行风险承担水平的提高不仅要从金融供给侧出发进行分析，还需要从金融需求侧进行检验。为了进一步观察结售汇的变化对银行风险承担水平的影响是否只是体现在银行的风险指标上，而没有真正体现在实体经济中，本书又从企业贷款融资端出发，采用省际结售汇数据进行了分析。为提高实证分析结果的稳健性，本书综合采用了多种方法：在样本选择方面，既选择了微观的上市公司、债券发行公司样本的银行贷款数据，也选择了省际层面的宏观贷款数据；在回归方法上，既使用了能解决动态面板内生性的系统 GMM 估计方法，也使用了宏观上分析内生变量的 PVAR 估计方法。同时，还使用了很多稳健性检验方法，以提高结果的可靠性。最终的实证结果证明：在企业层面，净结汇的提升确实能改善微观层面的企业面临的融资约束，风险越高的企业能够获得的银行贷款也越高；在宏观层面，正向的净结汇会刺激地方经济的增长，但这种刺激不是通过提高银行贷款投放数量的方式实现的，而更大可能是通过促进贷款信用下沉实现的。

（4）在微观模型和实证检验的基础上，本书采用一般均衡框架，进一步在宏观理论层面上分析了结售汇如何通过改变银行风险承担水平，影响银行信贷投放，从而对宏观经济产生作用。区别于传统模型，本书建立了一个引入基础货币的开放经济 DSGE 模型，详细分析了外需冲击如何通过结售汇影响基础货币投放和银行的信贷投放，从而对宏观经济造成扰动。在模型中，基础货币是央行的负债，其投放又取决于贸易渠道获得外汇的多少，因此，基础货币的引入可以将金融要素和实体经济有机地结合起来，更有利于复杂问题的分析。在基准模型的基础上，本书还引入了两种创新货币政策工具，即旨在修复结售汇冲击带来的资产负债表衰退的数量型货币政策工具（MP1）和对冲信贷资金收紧造成利率升高的价格型货币政策工具（MP2）。结果显示，MP1 对恢复银行的金融中介功能和维持金融稳定有更加明显的效果。这也与微观分析的结论保持了一致：采用货币政策的方法对冲结售汇冲击带来的银行资产负债表缺口是微观上应对净结汇减少的直观想法,而理论分析则显示这种货币政策操作在宏观上也具有可行性。在此基础上,本书还利用这一模型定量描述了人民币国际化对提升金融稳定和社会福利的作用,结果也表明,人民币国际化提升有利于减少外需冲击附带的金融冲击,对提升金融稳定有一定的帮助。

7.2 本书政策建议

根据研究得到的结论,结合中国的金融实践,本书提出了以下几点政策建议。

(1)结售汇不仅是外贸和投资运行情况的指标,外汇占款也是基础货币投放的主要渠道。随着中美关系日益复杂和新冠肺炎疫情的持续,外汇流入的波动和不确定性在加大。这也深刻影响了央行基础货币投放方式,继而对商业银行的资产负债表造成冲击,最终影响到银行的信贷投放行为,造成宏观经济的波动。因此,金融监管者和政策制定者不仅要将贸易进出口、跨境投融资作为宏观经济运行情况的指标,也需要高度关注它们对银行金融中介功能产生的冲击。在宏观调控政策框架中,需要注意结售汇冲击具有的双重属性,特别是其在金融稳定方面具有的特殊作用。同时,在结售汇数据的统计上要更加精细化,把不同地区、不同银行、不同种类的结售汇分门别类做好统计,并与国际收支数据做好衔接对应,以更好地厘清结售汇变动的原因及对金融机构的影响,为制定相应的政策打好数据基础。

(2)在外需萎缩导致结售汇对银行资产负债表造成冲击时,货币政策也可以有所作为。一般认为,在面临外需冲击时,主要依靠财政政策刺激需求,以补足外需的缺口。但从宏观上来看,外需冲击还会附带金融属性的冲击,而这种冲击甚至会比对经济本身的冲击更大,二者还有互相强化的趋势,形成恶性循环。从短期来看,针对这一问题,货币当局可以根据进出口的缺口,投放相应的基础货币,修复银行的资产负债表,实现逆周期调节；从长期来看，随着中国的国际收支日趋平衡，央行通过购买外汇投放基础货币的模式的重要性将逐渐下降，外汇占款占基础货币的比重有不断下降的趋势，央行需要重新确定基础货币投放的"锚"所在，让基础货币投放能够支持合理数量的贷款投放，并使得贷款的投放能够与产出的增长相匹配，实现金融债权债务关系和实体债权债务关系的"适配"。

（3）要高度重视银行市场结构的治理，坚决防止出现金融垄断。微观模型异质性分析的结果显示，市场集中度与银行风险承担水平之间存在密切的关系，过于集中的存款份额会降低银行风险下沉的动力，不利于缓解企业的融资约束问题。金融监管机构可以考虑对金融市场结构予以管制，以缩短资金传导链条并有效降低资金成本，实现金融向实体经济让利。对此，可以根据西方发达国家的经验，出台相应的份额限制措施。同时，要引导商业银行管理层树立正确的业绩观，在考核激励上更多关注如何实现自身高质量发展，而不要过分强调市场份额。

（4）人民币国际化不仅能够降低国内企业投资和贸易的交易成本，还能够大大减少外需冲击造成结售汇减少后带来的金融冲击。经过测算，人民币国际化带来的金融稳定效应收益能够覆盖推广人民币国际化的成本，因此，可以抓住机遇进一步加大人民币国际化推动的力度：首先，可以通过由银行提供人民币保值优惠报价的方式，鼓励国内企业在与国外企业的贸易中更多使用人民币；其次，更大力度开放国内资本市场，为国外持有人民币的投资者提供资产池，提高持有人民币的吸引力；最后，继续加强与各国央行的货币互换合作，并对外国央行提供流动性承诺，免除离岸人民币市场对流动性的担忧。通过上述渠道加大人民币国际化可以让中国和世界更好地融为一体，实现货币领域的国内国际"双循环"，减少国外冲击的传染性，进一步筑牢防范化解重大金融风险的堤坝。

符号和缩略语说明

WTO	世界贸易组织
SLF	常备借贷便利
MLF	中期借贷便利
PSL	抵押补充贷款
TMLF	定向中期借贷便利
FX	外汇
QE	量化宽松
LCD	贷款创造存款
IOU	欠条
OTC	场外交易
FDI	外商直接投资
ODI	对外直接投资
QFII	合格境外机构投资者
QDII	合格境内机构投资者
RQFII	人民币合格境外机构投资者
FOMC	联邦公开市场操作委员会
MPA	宏观审慎评估
GFC	国际金融危机
LCR	流动性覆盖率

EMS	欧洲货币体系
TFEU	欧盟运行条约
BIBF	曼谷国际金融安排
IMF	国际货币基金组织
VaR	在险价值
CoVaR	条件在险价值
GMM	广义矩估计
GDP	国内生产总值
ROA	总资产回报率
VAR	向量自回归
PVAR	面板向量自回归
AIC	赤池信息准则
BIC	贝叶斯准则
HQIC	汉南—奎因准则
DSGE	动态随机一般均衡
MIU	货币效用模型
CIRP	有抛补的利率平价
HANK	异质性主体新凯恩斯模型

参 考 文 献

［1］白重恩，张琼．中国的资本回报率及其影响因素分析［J］．世界经济，2014，37（10）：3－30．

［2］曹海娟．产业结构对税制结构动态响应的区域异质性——基于省级面板数据的 PVAR 分析［J］．财经研究，2012，38（10）：26－35．

［3］常莹莹，曾泉．环境信息透明度与企业信用评级——基于债券评级市场的经验证据［J］．金融研究，2019，467（5）：132－151．

［4］陈忠海．秦国的"支付革命"［J］．中国发展观察，2018，187（7）：62，63－64．

［5］［比利时］米歇尔·德弗洛埃．宏观经济学史：从凯恩斯到卢卡斯及其后［M］．房誉，李雨纱等译．北京：北京大学出版社，2019：1－488．

［6］董辅礽．中国的银行制度改革——兼谈银行的股份制改革问题［J］．经济研究，1994（1）：11，12－16．

［7］法国、埃及两国外汇管理状况考察团．法国外汇管理的"放"与"管"——法国、埃及考察团考察报告精选［J］．中国外汇管理，2004（6）：28．

［8］范一飞．关于数字人民币 M0 定位的政策含义分析［N］．金融时报．2020－09－15．

［9］古普塔·P. L，石俊志印度货币史［M］．北京：法律出版社，2018：1－353．

[10] 管涛. 汇率的本质 [M]: 北京: 中信出版集团, 2016: 1-345.

[11] 管涛. 汇率的博弈: 人民币与大国崛起 [M]. 北京: 中信出版社, 2018: 1-299.

[12] 管涛. 四次人民币汇改的经验与启示 [J]. 金融论坛, 2017, 22 (3): 3-8, 18.

[13] 管涛. 完善人民币汇率形成机制的关键: 克服浮动恐惧 [J]. 新金融, 2011 (4): 9-12.

[14] 郭杰, 王闻达. 金融中介被动管理与主动管理视角下的货币政策传导机制比较研究 [J]. 教学与研究, 2018, 476 (6): 52-59.

[15] 国家外汇管理局"一带一路"国家外汇管理政策研究小组. 泰国外汇管理概览 [J]. 中国外汇, 2019 (23): 55.

[16] 韩国、巴西世行项目考察团. 巴西结售汇制度的"放"与"持"[J]. 中国外汇管理, 2005 (7): 16-17.

[17] 韩秀云. 美国量化宽松货币政策退出的基础、步骤与影响 [J]. 国际贸易, 2013, 379 (7): 63-67.

[18] [日] 黑田东彦. 日本汇率政策失败所带来的教训——以"尼克松冲击"和"广场协议"为例 [J]. 国际经济评论, 2004 (1): 45-47.

[19] 黄达. 货币银行学 [M]. 北京: 中国人民大学出版社, 2000: 1-476.

[20] 黄宁, 郭平. 经济政策不确定性对宏观经济的影响——基于省级面板数据的 PVAR 模型分析 [J]. 财经科学, 2015, 327 (6): 61-70.

[21] 孔令闻. 名义的"实际"与实际的"名义"[J]. 比较, 2020, 111 (6): 50-60.

[22] 李斌, 孙月静. 中国上市公司融资方式影响因素的实证研究 [J]. 中国软科学, 2013, 271 (7): 122-131.

[23] 李斌, 吴恒宇. 对货币政策和宏观审慎政策双支柱调控框架内在逻辑的思考 [J]. 金融研究, 2019 (12): 1-17.

〔24〕李波．人民币跨境使用回顾与展望〔J〕．中国金融，2014（23）：17－20．

〔25〕李健，王丽娟，黄奕桦．中小银行发展现状、方向及对策建议〔J〕．清华金融评论，2020（3）：73－76．

〔26〕李向阳．动态随机一般均衡（DSGE）模型：理论，方法和Dynare实践〔M〕．北京：清华大学出版社，2018：166－197．

〔27〕林毅夫．关于人民币汇率问题的思考与政策建议〔J〕．世界经济，2007，343（3）：3－12．

〔28〕刘孟儒，沈若萌．银行股价是否反映了影子银行的潜在风险？——基于中国上市银行的实证研究〔J〕．投资研究，2019，38（6）：47－57．

〔29〕刘卫军，纪晓峰．存款去哪里了：基于商业银行视角的考察〔J〕．金融会计，2018，298（9）：40－47．

〔30〕邱永红．日本金融"大爆炸"启示与借鉴〔J〕．金融学刊，1998（4）：46－48．

〔31〕饶品贵，姜国华．货币政策、信贷资源配置与企业业绩〔J〕．管理世界，2013，234（3）：12－22，47，187．

〔32〕苏灵，王永海，余明桂．董事的银行背景、企业特征与债务融资〔J〕．管理世界，2011，217（10）：176－177．

〔33〕孙国峰，段志明．中期政策利率传导机制研究——基于商业银行两部门决策模型的分析〔J〕．经济学（季刊），2017，16（1）：349－370．

〔34〕孙国峰，何晓贝．存款利率零下限与负利率传导机制〔J〕．经济研究，2017（12）：105－118．

〔35〕孙国峰，贾君怡．中国影子银行界定及其规模测算——基于信用货币创造的视角〔J〕．中国社会科学，2015（11）：92－110，207．

〔36〕孙国峰，孙碧波．人民币均衡汇率测算：基于DSGE模型的实证研究〔J〕．金融研究，2013，398（8）：70－83．

［37］孙国峰，尹航，柴航．全局最优视角下的货币政策国际协调［J］．金融研究，2017（3）：54－71．

［38］孙国峰．Libra 的货币性质、潜在影响与演变方向［J］．经济学动态，2019，706（12）：15－26．

［39］孙国峰．贷款创造存款理论的源起、发展与应用［J］．国际金融研究，2019，391（11）：3－11．

［40］孙国峰．第一排：中国金融改革的近距离思考［M］．北京：中国经济出版社，2012．

［41］孙国峰．构建"三档两优"准备金率新框架［J］．中国金融，2019，911（17）：21－23．

［42］孙国峰．关于当前银行"存差"问题的思考［J］．财贸经济，2002（10）：33－35．

［43］孙国峰．货币创造的逻辑形成和历史演进——对传统货币理论的批判［J］．经济研究，2019，54（4）：182－198．

［44］孙国峰．健全现代货币政策框架［J］．中国金融，2021（2）：47－50．

［45］孙国峰．结构性流动性短缺的货币政策操作框架［J］．比较，2017，91（4）：156－178．

［46］孙国峰．信用货币视角下的人民币国际化［J］．中国金融，2017，864（18）：14－15．

［47］孙国峰．信用货币制度下的货币创造和银行运行［J］．经济研究，2001（2）：29－37，85．

［48］孙国峰．银行会计信息市场失灵与监管［J］．金融会计，2018，290（1）：11－15．

［49］孙国峰．中国货币政策传导机制研究［J］．国际金融研究，1996（5）：63．

［50］孙国峰．资本输出——人民币国际化的战略选择［J］．比较，

2014，75（6）：168－186.

[51] 特维德，L. 董裕平逃不开的经济周期：历史，理论与投资现实 [M]. 北京：中信出版社，2012：17－25.

[52] 外汇局江苏省分局课题组. 跨境资本流动宏观审慎管理分析框架研究 [J]. 中国外汇，2016（1）：42－44.

[53] 万里鹏，曹国俊，翁炀杰. 结构性货币政策有效吗？——基于支农再贷款的实证研究 [J]. 投资研究，2019，38（7）：21－38.

[54] 王文成. 从铁钱到银两：两宋金元纸币的价值基准及其演变 [J]. 清华大学学报（哲学社会科学版），2020，35（3）：29－42，207－208.

[55] 王宇. "钉住制度"酿成了泰国金融危机——亚洲金融危机10周年回望 [J]. 华北金融，2007，364（10）：6－9.

[56] 韦晓霞. 汇率制度改革、政策调整与短期跨境资本流动管理——基于金砖国家的经验借鉴 [J]. 区域金融研究，2020（S1）：54－59.

[57] 卫聚贤. 山西票号史 [M]. 北京：经济管理出版社，2008.

[58] 吴晓灵. 我国外汇体制改革的进展——人民币实现从经常项目可兑换到资本项目可兑换 [J]. 金融研究，1997（1）：2－7.

[59] 伍戈，陆简. 全球避险情绪与资本流动——"二元悖论"成因探析 [J]. 金融研究，2016，437（11）：1－14.

[60] 徐明东，陈学彬. 货币环境、资本充足率与商业银行风险承担 [J]. 金融研究，2012，385（7）：50－62，489.

[61] 许丛琳. 日本外汇法的演变及其影响 [J]. 现代情报，2004（8）：224－225.

[62] 杨秀云，蒋园园，段珍珍. KMV模型在我国商业银行信用风险管理中的适用性分析及实证检验 [J]. 财经理论与实践，2016，37（1）：34－40.

[63] 杨友. "外汇券"的记忆 [J]. 中国金融，2020，924（6）：99－100.

［64］姚余栋，张文．巴西的外汇管理［J］．中国金融，2012（12）：64-66.

［65］易纲，汤弦．汇率制度"角点解假设"的一个理论基础［J］．金融研究，2001（8）：5-17.

［66］易纲．金融助力全面建成小康社会［J］．中国金融，2020，937（1）：14-18.

［67］易纲．外汇管理改革开放的方向［J］．中国金融，2015，817（19）：18-20.

［68］张杰．金融中介理论发展述评［J］．中国社会科学，2001（6）：74-84，206.

［69］张明．流动性过剩的测量、根源和风险含义［J］．世界经济，2007，351（11）：44-55.

［70］张晓慧．三十而立　四十不惑——从存款准备金变迁看央行货币调控演进［J］．中国金融，2018，893（23）：38-43.

［71］张晓明，李泽广．系统风险外溢、市场约束机制与银行股票回报率——基于 CoVaR 和时变条件 β 指标的研究［J］．金融研究，2017，450（12）：143-157.

［72］张晓朴．中国国际资本流动管理现状及前景展望［J］．世界经济，2003（3）：61-64.

［73］张晓琦．我国商业银行信用风险度量及管理研究［D］．哈尔滨：哈尔滨工程大学，2011.

［74］张雪兰，何德旭．货币政策立场与银行风险承担——基于中国银行业的实证研究（2000—2010）［J］．经济研究，2012，47（5）：31-44.

［75］赵瑾．中美经济摩擦的焦点和主要问题［J］．世界经济，2004（3）：17-21.

［76］政研．"94"外汇体制改革综述［J］．中国外汇管理，1995（1）：9-11.

[77] 中国银行行史编辑委员会. 中国银行行史：1949～1992 [M]. 北京：中国金融出版社，2001：1–1124.

[78] 邹林，周永坤. 合格境外机构投资者制度：现状及其改进 [J]. 中国金融，2005（9）：26–28.

[79] 左海聪，范笑迎. 论日本外汇法改革对人民币国际化的启示 [J]. 苏州大学学报（哲学社会科学版），2015，36（4）：73–79，192.

[80] Acharya V V, Pedersen LH, Philippon T, et al. Measuring Systemic Risk [J]. The Review of Financial Studies, 2017, 30（1）：2–47.

[81] Adrian T, Brunnermeier MK. CoVaR [J]. American Economic Review, 2016, 106（7）：1705.

[82] Adrian T, Shin HS. Handbook of Monetary Economics [M]. Amsterdam, Elsevier, 2010：601–650.

[83] Adrian T, Shin HS. Money, Liquidity, and Monetary Policy [J]. American Economic Review, 2009, 99（2）：600–605.

[84] Allen F, Santomero AM. The Theory of Financial Intermediation [J]. Journal of Banking & Finance, 1997, 21（11）：1461–1485.

[85] Allen F. Do Financial Institutions Matter? [J]. The Journal of Finance, 2001, 56（4）：1165–1175.

[86] Ammar S. Thailand After 1997 [J]. Asian Economic Policy Review, 2011, 6（1）：68–85.

[87] Arellano M, Bond S. Some Tests of Specification for Panel Data: Monte Carlo Evidence and an Application to Employment Equations [J]. The Review of Economic Studies, 1991, 58（2）：277–297.

[88] Arnoult P. Les Finances De La France Et L'occupation Allemande (1940–1944) [M]. Paris, Presses Universitaires De France, 1951.

[89] Arrow K. Essays in the Theory of Risk – bearing [M]. Amsterdam, North – holland Publishing Co. , 1971.

［90］Ascari G, Rossi L. Trend Inflation and Firms Price - setting: Rotemberg Versus Calvo ［J］. The Economic Journal, 2012, 122 (563): 1115 – 1141.

［91］Ayres J, Garcia M, Guillén DA, et al. The Monetary and Fiscal History of Brazil, 1960 – 2016 ［Z］: National Bureau of Economic Research, 2019: 1 – 63.

［92］Balassa B. The Purchasing – power Parity Doctrine: A Reappraisal ［J］. Journal of Political Economy, 1964, 72 (6): 584 – 596.

［93］Bank of thailand. Foreign Exchange Policy and Intervention Under Inflation Targeting in Thailand ［J］. Bis Papers Chapters, 2014, 73: 1 – 9.

［94］Baron M, Verner E, Xiong W. Banking Crises Without Panics ［J］. The Quarterly Journal of Economics, 2021, 136 (1): 51 – 113.

［95］Bencivenga VR, Smith BD. Financial Intermediation and Endogenous Growth ［J］. The Review of Economic Studies, 1991, 58 (2): 195 – 209.

［96］Benston GJ, Smith CW. A Transactions Cost Approach to the Theory of Financial Intermediation ［J］. The Journal of Finance, 1976, 31 (2): 215 – 231.

［97］Bernanke B, Gertler M. Agency Costs, Net Worth, and Business Fluctuations. ［J］. American Economic Review, 1989, 79 (1): 14.

［98］Bernanke BS, Gertler M, Gilchrist S. The Financial Accelerator in a Quantitative Business Cycle Framework ［J］. Handbook of Macroeconomics, 1999, 1: 1341 – 1393.

［99］Bernanke BS, Gertler M. Inside the Black Box: The Credit Channel of Monetary Policy Transmission ［J］. Journal of Economic Perspectives, 1995, 9 (4): 27 – 48.

［100］Bernanke BS. Nonmonetary Effects of the Financial Crisis in the Propagation of the Great Depression ［J］. The American Economic Review, 1983, 73 (3): 257 – 276.

［101］Bhattacharya S, Thakor AV. Contemporary Banking Theory ［J］.

Journal of Financial Intermediation, 1993, 3 (1): 2 –50.

[102] Blinder AS. Quantitative Easing: Entrance and Exit Strategies [J]. Federal Reserve Bank of St. Louis Review, 2010, 92 (6): 465 –479.

[103] Blundell R, Bond S. Initial Conditions and Moment Restrictions in Dynamic Panel Data Models [J]. Journal of Econometrics, 1998, 87 (1): 115 –143.

[104] Board of Governors of the Federal Reserve System. Quarterly Report on Federal Reserve Balance Sheet Developments [R]. Washington DC, U. S. Federal Reserve Board, 2014.

[105] Bonomo M, Terra C. The Political Economy of Exchange Rate Policy in Brazil: 1964 –1997 [J]. Idb Working Paper, 1999: 1 –46.

[106] Borio C, Zhu H. Capital Regulation, Risk – taking and Monetary Policy: a Missing Link in the Transmission Mechanism? [J]. Journal of Financial Stability, 2012, 8 (4): 236 –251.

[107] Boyd J. Financial Intermediation, The New Palgrave. A Dictionary of Economics [M]. New York: Palgrave Macmillan, 2018: 4662 –4671.

[108] Boyd JH, Prescott EC. Financial Intermediary – coalitions [J]. Journal of Economic Theory, 1986, 38 (2): 211 –232.

[109] Brault J. The Political Economy of French Foreign Exchange Control [J]. SSRN Working Paper, 2014: 1 –52.

[110] Bruno Valentina, Shin Hyun – Song. Capital Flows and the Risk – taking Channel of Monetary Policy [J]. Journal of Monetary Economics, 2015, 71: 119 –132.

[111] Calvo GA, Leiderman L, Reinhart CM. Capital Inflows and Real Exchange Rate Appreciation in Latin America: The Role of External Factors [J]. Imf Staff Papers, 1993, 40 (1): 108 –151.

[112] Calvo GA, Leiderman L, Reinhart CM. Inflows of Capital to Developing Countries in the 1990s [J]. Journal of Economic Perspectives, 1996,

10 (2): 123 –139.

[113] Cetorelli N, Goldberg LS. Globalization and Monetary Transmission [J]. The Journal of Finance, 2012, 67 (5): 1811 –1843.

[114] Chang C, Liu Z, Spiegel MM. Capital Controls and Optimal Chinese Monetary Policy [J]. Journal of Monetary Economics, 2015, 74: 1 –15.

[115] Chant J. Current Issues in Financial and Monetary Economics [M]. Berlin: Springer, 1992: 42 –65.

[116] Christiano LJ, Eichenbaum M, Evans CL. Nominal Rigidities and the Dynamic Effects of a Shock to Monetary Policy [J]. Journal of Political Economy, 2005, 113 (1): 1 –45.

[117] Clanchy MT. From Memory to Written Record: England 1066 – 1307 [M]. Uk: John Wiley & Sons, 2012.

[118] Coelho B, Gallagher KP. Capital Controls and 21st Century Financial Crises: Evidence From Colombia and Thailand [J]. Peri Working Papers, 2010 (213): 183.

[119] Debreu G. Theory of Value: An Axiomatic Analysis of Economic Equilibrium [M]. New Haven Yale University Press, 1959.

[120] Dell'ariccia G, Laeven L, Marquez R. Monetary Policy, Leverage, and Bank Risk – taking [J]. Imf Working Paper, 2010: 1 –38.

[121] Diamond DW, Dybvig PH. Bank Runs, Deposit Insurance, and Liquidity [J]. Journal of Political Economy, 1983, 91 (3): 401 –419.

[122] Diamond DW. Financial Intermediation and Delegated Monitoring [J]. The Review of Economic Studies, 1984, 51 (3): 393 –414.

[123] Drumetz F. France's Experience of Exchange Controls and Liberalisation [J]. Bis Papers Chapters, 2003, 15: 99 –103.

[124] Dumitrescu E, Hurlin C. Testing for Granger Non – causality in Heterogeneous Panels [J]. Economic Modelling, 2012, 29 (4): 1450 –1460.

［125］ Fama EF. Banking in the Theory of Finance ［J］. Journal of Monetary Economics, 1980, 6 （1）: 39 – 57.

［126］ Fisher I. The Theory of Interest : As Determined By Impatience to Spend Income and Opportunity to Invest It ［M］. New York : the Macmillan Co. , 1930.

［127］ Fleming JM. Domestic Financial Policies Under Fixed and Under Floating Exchange Rates ［J］. Imf Staff Papers, 1962, 9 （3）: 369 – 380.

［128］ Frank MZ, Goyal VK. Capital Structure Decisions: Which Factors Are Reliably Important ［J］. Financial Management, 2009, 38 （1）: 1 – 37.

［129］ Freixas X, Rochet J. Microeconomics of Banking ［M］. Cambridge: Mit Press, 2008.

［130］ Friedman M, Schwartz AJ. A Monetary History of the United States, 1867 – 1960 ［M］. New Jersey: Princeton University Press, 2008.

［131］ Fukao M. Liberalization of Japan's Foreign Exchange Controls and Structural Changes in the Balance of Payments ［J］. Monetary and Economic Studies, 1990, 8 （2）: 101 – 165.

［132］ Gale D, Hellwig M. Incentive – compatible Debt Contracts: The One – period Problem ［J］. The Review of Economic Studies, 1985, 52 （4）: 647 – 663.

［133］ Gerali A, Neri S, Sessa L, et al. Credit and Banking in a Dsge Model ［J］. Banca D'italia Working Paper, 2008: 1 – 45.

［134］ Goldfajn I, Minella A. Capital Controls and Capital Flows in Emerging Economies: Policies, Practices and Consequences ［M］. Chicago: University of Chicago Press, 2009: 1 – 76.

［135］ Gurley J, Shaw E. Money in A Theory of Finance ［M］. New York: Brookings Institution, 1960.

［136］ Gurley J, Shaw E. Financial Intermediaries and the Saving – investment Process [J]. The Journal of Finance, 1956, 11 (2): 257 – 276.

[137] Hachem K, Song Z. Liquidity Rules and Credit Booms [J]. Journal of Political Economy, 2021, 129 (10): 2721 – 2765.

[138] Holtz – eakin D, Newey W, Rosen HS. Econometrica Estimating Vector Autoregressions with Panel Data [J]. Econometrica, 1988, 56 (6): 1371 – 1395.

[139] Ivashina Victoria, Scharfstein David S. , Stein Jeremy C. Dollar Funding and the Lending Behavior of Global Banks [J]. The Quarterly Journal of Economics, 2015, 130 (3): 1241 – 1281.

[140] Jakab Z, Kumhof M. Banks Are Not Intermediaries of Loanable Funds – and Why This Matters [J]. Bank of England Working Paper, 2015, 529: 1 – 69.

[141] Jiang B, Xu D. Domestic Bank Channeled Foreign Credit – a Blessing or a Curse: Evidence From China [J]. Working Paper, 2019: 1 – 72.

[142] Jimborean R, Mésonnier JS. Banks' Financial Conditions and the Transmission of Monetary Policy: A FAVAR Approach [J]. Working Paper, 2010.

[143] Jittrapanun T, Prasartset S. Hot Money and Capital Controls in Thailand [M]. Penang, Malaysia: Citeseer, 2009: 1 – 70.

[144] Kashyap AK, Stein JC, Wilcox DW. Monetary Policy and Credit Conditions: Evidence from the Composition of External Finance. [J]. American Economic Review, 1993, 83 (1): 78.

[145] Kashyap AK, Stein JC, Wilcox DW. Monetary Policy and Credit Conditions: Evidence from the Composition of External Finance: Reply. [J]. American Economic Review, 1996, 86 (1): 310 – 314.

[146] Kishan RP, Opiela TP. Bank Size, Bank Capital, and the Bank Lending Channel [J]. Journal of Money, Credit and Banking, 2000: 121 – 141.

［147］ Kiyotaki N, Moore J. Credit Cycles ［J］. Journal of Political E-conomy, 1997, 105 （2）: 211 – 248.

［148］ Krugman P. International Finance and Financial Crises ［M］. Berlin: Springer Netherlands, 1999: 31 – 55.

［149］ Leland HE, Pyle DH. Informational Asymmetries, Financial Structure, and Financial Intermediation ［J］. The Journal of Finance, 1977, 32 （2）: 371 – 387.

［150］ Li B, Xiong W, Chen L, et al. The Impact of the Liquidity Coverage Ratio on Money Creation: A Stock – flow Based Dynamic Approach ［J］. Economic Modelling, 2017, 67: 193 – 202.

［151］ Lijima K. Background and Impact of the Asian Currency Crisis ［J］. RIM Working Paper, 1998 （38）: 1 – 10.

［152］ Linklaters. Eurozone Bulletin: Capital and Exchange Controls ［R］. London, 2013.

［153］ Lorenzoni G. Inefficient Credit Booms ［J］. The Review of Economic Studies, 2008, 75 （3）: 809 – 833.

［154］ Love I, Zicchino L. Financial Development and Dynamic Investment Behavior: Evidence From Panel Var ［J］. The Quarterly Review of Economics and Finance, 2006, 46: 190 – 210.

［155］ Mckinnon RI. Money and Capital in Economic Development ［M］. Washington: Brookings Institution Press, 1973.

［156］ Mckinnon RI. The Transfer Problem in Reducing the Us Current Account Deficit ［J］. Journal of Policy Modeling, 2007, 29 （5）: 669 – 675.

［157］ Mcleay M, Radia A, Thomas R. Money Creation in the Modern Economy ［J］. Bank of England Quarterly Bulletin, 2014, Q1: 1 – 14.

［158］ Mcleay M, Radia A, Thomas R. Money in the Modern Economy: An Introduction ［J］. Bank of England Quarterly Bulletin, 2014, Q1: 1 – 10.

[159] Merton RC. A Functional Perspective of Financial Intermediation [J]. Financial Management, 1995 (24): 23 –41.

[160] Mishkin FS. The Economics of Money, Banking, and Financial Markets [M]. New York : Pearson, 2019: 1 –622.

[161] Modigliani F, Miller MH. The Cost of Capital, Corporation Finance and the Theory of Investment [J]. The American Economic Review, 1958, 48 (3): 261 –297.

[162] Mundell RA. The Monetary Dynamics of International Adjustment under Fixed and Flexible Exchange Rates [J]. The Quarterly Journal of Economics, 1960, 74 (2): 227 –257.

[163] Nilsen JH. Trade Credit and the Bank Lending Channel [J]. Journal of Money, Credit and Banking, 2002: 226 –253.

[164] Obstfeld M, Rogoff KS. Foundations of International Macroeconomics [M]. Cambridge, Massachusetts: Mit Press, 1996.

[165] Obstfeld M. The Global Capital Market: Benefactor or Menace? [J]. Journal of Economic Perspectives, 1998, 12 (4): 9 –30.

[166] Obstfeld M. Trilemmas and Trade – offs: Living with Financial Globalisation [J]. Bis Working Paper, 2015: 1 –66.

[167] Oliner SD, Rudebusch GD. Monetary Policy and Credit Conditions: Evidence From the Composition of External Finance: Comment. [J]. American Economic Review, 1996, 86 (1): 300 –309.

[168] Pesaran MH, Smith R. Estimating Long – run Relationships From Dynamic Heterogeneous Panels [J]. Journal of Econometrics, 1995, 68 (1): 79 –113.

[169] Phillips AW. The Relation between Unemployment and the Rate of Change of Money Wage Rates in the United Kingdom, 1861 – 1957 [J]. Economica, 1958, 25 (100): 283 –299.

［170］ Pohl M. Handbook on the History of European Banks ［M］. Vermont, USA: Edward Elgar Publishing, 1994.

［171］ Rey H. Dilemma not Trilemma: The Global Financial Cycle and Monetary Policy Dependency ［J］. NBER Working Paper, 2015.

［172］ Ricardo D. Principles of Political Economy and Taxation ［M］. London: G. Bell and Sons, 1891.

［173］ Roodman D. How to Do Xtabond2: An Introduction to Difference and System Gmm in Stata ［J］. The Stata Journal, 2009, 9 （1）: 86 - 136.

［174］ Rotemberg JJ. Monopolistic Price Adjustment and Aggregate Output ［J］. The Review of Economic Studies, 1982, 49 （4）: 517 - 531.

［175］ Ryan - Collins J, Greenham T, Werner R, et al. Where Does Money Come From : A Guide to the Uk Monetary and Banking System ［M］. London: New Economics Foundation, 2014: 1 - 186.

［176］ Samuelson PA. Theoretical Notes on Trade Problems ［J］. The Review of Economics and Statistics, 1964, 46 （2）: 145 - 154.

［177］ Silver M. Karl Polanyi and Markets in the Ancient Near East: the Challenge of the Evidence ［J］. Journal of Economic History, 1983, 43 （4）: 795 - 829.

［178］ Sun GF, Li WZ. Scalene Impossible Trinity - A New Macro - financial Policy Framework ［J］. The People's Bank of China Working Paper Series, 2017 （3）: 1 - 38.

［179］ Sussangkarn C, Vichyanond P. Ten Years after the Financial Crisis in Thailand: What Has Been Learned or not Learned? ［J］. Asian Economic Policy Review, 2007, 2 （1）: 100 - 118.

［180］ Tobin J. Financial Intermediation, The New Palgrave. A Dictionary of Economics ［M］. New York: Palgrave Macmillan, 2016: 1 - 14.

［181］ Ueda K, Di Mauro BW. Quantifying Structural Subsidy Values for

Systemically Important Financial Institutions [J]. Journal of Banking & Finance, 2013, 37 (10): 3830 – 3842.

[182] U. S. Census Bureau. X – 12 – arima Reference Manual [M]. Washington DC, USA: U. S. Census Bureau, 2009: 1 – 255.

[183] Wang Q, Wu N. Menu – driven X – 12 – arima Seasonal Adjustment in Stata [J]. The Stata Journal, 2012, 12 (2): 214 – 241.

[184] Warr P. Thailand Beyond the Crisis [M]. London and New York: Routledge, 2004: 1 – 368.

[185] Werner RA. Can Banks Individually Create Money out of Nothing? – The Theories and the Empirical Evidence [J]. International Review of Financial Analysis, 2014, 36: 1 – 19.

[186] WTO. Trade set to plunge as COVID – 19 pandemic upends global economy [R]. Geneva: Press Release/855, 2020.

附录 A 结售汇过程相关主体 T 型账户变化情况

（一）客户在商业银行结汇，央行从商业银行买入外汇

以客户结汇 100 美元为例，假设美元兑人民币汇率为 1∶7，则商业银行 T 型账户记账结果如附表 A.1 所示。

附表 A.1 客户在银行结汇时银行 T 型账户变化情况

借方：	贷方：
对国外债权：+100 美元	客户存款：+700 元人民币
外汇敞口：+700 元人民币	—
外汇敞口：−100 美元	—

之后，银行将外汇再卖给央行，则记账结果如附表 A.2 所示。

附表 A.2 银行将外汇卖给央行时银行 T 型账户变化情况（轧抵前）

借方：	贷方：
对国外债权：+100 美元	客户存款：+700 元人民币
外汇敞口：+700 元人民币	—
外汇敞口：−100 美元	—
对国外债权：−100 美元	—
准备金：+700 元人民币	—
外汇敞口：−700 元人民币	—
外汇敞口：+100 美元	—

轧抵后的结果如附表 A.3 所示。

附表 A.3　银行将外汇卖给央行时银行 T 型账户记账结果（轧抵后）

借方：	贷方：
准备金：+700 元人民币	客户存款：+700 元人民币

可以看到，经过上述过程，银行的资产方准备金（对应基础货币）和负债方的客户存款（对应货币）同时增加。在其他条件不变的情况下，银行的流动性会得到较大提升。

在这个过程中，央行的 T 型账户记账结果如附表 A.4 所示。

附表 A.4　央行 T 型账户记账结果

借方：	贷方：
对国外债权：+100 美元	基础货币：+700 元人民币
外汇敞口：+700 元人民币	—
外汇敞口：-100 美元	—

上述过程投放的基础货币即外汇占款，这一途径创造的基础货币占基础货币总量的绝大部分。

（二）商业银行间相互买卖外汇

近年来，央行的外汇储备保持相对平稳，各家银行的结售汇水平则出现了分化，表明银行之间的外汇交易基本相互对冲。针对这种情况，需要分析商业银行之间外汇交易的会计变化。假设 A 银行从客户处获得 100 美元后，再将其卖给 B 银行。此时，A 银行的 T 型账户记账过程见附表 A.1、附表 A.2 和附表 A.3，B 银行的 T 型账户如附表 A.5 所示。

附表 A.5　B 银行从 A 银行购入外汇时 T 型账户

借方：	贷方：
对国外债权：+100 美元	—
准备金：-700 元人民币	—
外汇敞口：+700 元人民币	—
外汇敞口：-100 美元	—

　　从上述结果可以看到，此时总体上没有基础货币的净投放，但单家银行的流动性变化是存在差异的。进一步分析可以发现，A 银行将从客户处购买的外汇卖给 B 银行，再由 B 银行售汇给客户的过程，与 A 银行将从客户处结汇获得的外汇卖给央行，B 银行从央行处购买外汇售汇给客户是等价的。

附录 B 微观理论模型推导过程

（一）存在大型银行和中小银行两家银行时的基准模型推导

代入相关参数后，模型最大化问题和约束问题为：

对大型银行而言，最大化模型为：

$$\max_{L_1,LB_1,R_{L1}} \left[FX_1 + \alpha_2(FX_2 + L_2) - LB_1 + CB_1 \right] R_s + L_1 R_{L1}^2 + (LB_1 - CB) R_{LB}$$

$$- \left[FX_1 + L_1 + \alpha_2(FX_2 + L_2) \right] R_D^2 - \phi_1 \exp(-LQ)$$

约束条件为：

$$\begin{cases} FX_1 + \alpha_2(FX_2 + L_2) - \left[FX_1 + L_1 + \alpha_2(FX_2 + L_2) \right]r - LB_1 + CB_1 - \bar{\theta} FX_1 \geqslant 0 \\ \dfrac{R_{L1} - R_f}{\eta} L_1 \leqslant C_1 \end{cases}$$

其中，$LQ = FX_1 + FX_2 - r(L_1 + L_2)$

拉格朗日函数为：

$$\begin{aligned} \mathcal{L}_1 = & \left[FX_1 + \alpha_2(FX_2 + L_2) - LB_1 + CB_1 \right] R_s + L_1 R_{L1}^2 \\ & + (LB_1 - CB) R_{LB} - \left[FX_1 + L_1 + \alpha_2(FX_2 + L_2) \right] R_D^2 - \phi_1 \exp(-LQ) \\ & + \lambda_1 \{ FX_1 + \alpha_2(FX_2 + L_2) - \left[FX_1 + L_1 + \alpha_2(FX_2 + L_2) \right]r - LB_1 \\ & + CB_1 - \bar{\theta} FX_1 \} + \lambda_2 \left(\frac{R_{L1} - R_f}{\eta} L_1 - C_1 \right) \end{aligned}$$

Kuhn - Tucker 条件为：

$$\frac{\partial \mathcal{L}_1}{\partial LB_1} = 0 \qquad\qquad （附 B - 1）$$

$$\frac{\partial \mathcal{L}_1}{\partial R_{L1}} = 0 \qquad\qquad （附 B - 2）$$

$$\frac{\partial \mathcal{L}_1}{\partial L_1} = 0 \qquad\qquad （附 B - 3）$$

$$\lambda_1 \{ FX_1 + \alpha_2 (FX_2 + L_2) - [FX_1 + L_1 + \alpha_2 (FX_2 + L_2)] r - LB_1 + CB_1 - \overline{\theta} FX_1 \} = 0$$
$$（附 B - 4）$$

$$\lambda_2 \left(\frac{R_{L1} - R_f}{\eta} L_1 - C_1 \right) = 0 \qquad\qquad （附 B - 5）$$

$$\lambda_1 \geqslant 0 \qquad\qquad （附 B - 6）$$

$$\lambda_2 \leqslant 0 \qquad\qquad （附 B - 7）$$

对中小银行而言，最大化模型为：

$$\max_{L_2, LB_2, R_{L2}} [FX_2 - \alpha_2 (FX_2 + L_2) + LB_2] R_s + L_2 R_{L2}^2$$
$$- (FX_2 + L_2)(1 - \alpha_2) R_D^2 - LB_2 R_{LB} - \phi_2 \exp(- LQ)$$

约束条件为：

$$\begin{cases} FX_2 - \alpha_2 (FX_2 + L_2) - (FX_2 + L_2)(1 - \alpha_2) r + LB_2 - \overline{\theta} FX_2 \geqslant 0 \\ \dfrac{R_{L2} - R_f}{\eta} L_2 \leqslant C_2 \end{cases}$$

其中，$LQ = (1 - \overline{\theta})(FX_1 + FX_2) - r(L_1 + L_2)$

拉格朗日函数为：

$$\mathcal{L}_2 = [FX_2 - \alpha_2 (FX_2 + L_2) + LB_2] R_s + L_2 R_{L2}^2 - (FX_2 + L_2)(1 - \alpha_2) R_D^2$$
$$- LB_2 R_{LB} - \phi_2 \exp(- LQ) + \lambda_3 [FX_2 - \alpha_2 (FX_2 + L_2)$$
$$- (FX_2 + L_2)(1 - \alpha_2) r + LB_2 - \overline{\theta} FX_2] + \lambda_4 \left(\frac{R_{L2} - R_f}{\eta} L_2 - C_2 \right)$$

Kuhn - Tucker 条件为：

$$\frac{\partial \mathcal{L}_2}{\partial LB_2} = 0 \qquad\qquad （附 B - 8）$$

$$\frac{\partial \mathcal{L}_2}{\partial R_{L2}} = 0 \qquad\qquad （附 B - 9）$$

$$\frac{\partial \mathcal{L}_2}{\partial L_2} = 0 \qquad (\text{附 B} - 10)$$

$$\lambda_3 \big[FX_2 - \alpha_2 (FX_2 + L_2) - (FX_2 + L_2)(1 - \alpha_2)r + LB_2 - \overline{\theta} FX_2 \big] = 0$$
$$(\text{附 B} - 11)$$

$$\lambda_4 \left(\frac{R_{L2} - R_f}{\eta} L_2 - C_2 \right) = 0 \qquad (\text{附 B} - 12)$$

$$\lambda_3 \geqslant 0 \qquad (\text{附 B} - 13)$$

$$\lambda_4 \leqslant 0 \qquad (\text{附 B} - 14)$$

对上述附 B – 1 ~ 附 B – 14 式进行进一步处理。其中：

将附 B – 1 式化简为：

$$\lambda_1 = R_{LB} - R_s$$

将附 B – 2 式化简为：

$$\lambda_2 = -2\eta R_{L1}$$

可知，λ_1 和 λ_2 满足附 B – 6 和附 B – 7，将计算得到的 λ_1、λ_2，以及附 B – 4 和附 B – 5 代入附 B – 1，可得：

$$R_{L1}^2 - R_D^2 - r\phi_1 \exp(-LQ) - (R_{LB} - R_s)r - 2R_{L1}(R_{L1} - R_f) = 0$$

将 LQ 代入后，得到，

$$R_{L1}^2 - R_D^2 - r\phi_1 \exp\big[-(1 - \overline{\theta})(FX_1 + FX_2)$$
$$+ r(L_1 + L_2) \big] - (R_{LB} - R_s)r - 2R_{L1}(R_{L1} - R_f) = 0$$

将 L_1 和 L_2 代入，整理后得到：

$$R_{L1}^2 - 2R_f R_{L1} + r\phi_1 \exp\left[-(1 - \overline{\theta})(FX_1 + FX_2) + r\eta \left(\frac{C_1}{R_{L1} - R_f} + \frac{C_2}{R_{L2} - R_f} \right) \right]$$
$$+ R_D^2 + (R_{LB} - R_s)r = 0 \qquad (\text{附 B} - 15)$$

将附 B – 8 式化简为：

$$\lambda_3 = R_{LB} - R_s$$

将附 B – 9 式化简为：

$$\lambda_4 = -2\eta R_{L2}$$

可知，λ_3 和 λ_4 满足附 B – 13 和附 B – 14，将计算得到的 λ_3、λ_4，以及

附 B-11 和附 B-12 代入附 B-8 式，可得：

$$- R_s \alpha_2 + R_{L2}^2 - (1 - \alpha_2) R_D^2 - r \phi_2 \exp(- LQ)$$
$$+ (R_{LB} - R_s)(- \alpha_2 + r \alpha_2 - r) - 2 R_{L2}(R_{L2} - R_f) = 0$$

将 LQ 代入后，得到：

$$- R_s \alpha_2 + R_{L2}^2 - (1 - \alpha_2) R_D^2 - r \phi_2 \exp[- (1 - \bar{\theta})(FX_1 + FX_2)$$
$$+ r(L_1 + L_2)] + (R_{LB} - R_s)(- \alpha_2 + r \alpha_2 - r) - 2 R_{L2}(R_{L2} - R_f) = 0$$

将 L_1 和 L_2 都代入，整理后得到，

$$R_{L2}^2 - 2 R_f R_{L2} + r \phi_2 \exp\left[- (1 - \bar{\theta})(FX_1 + FX_2) + r \eta \left(\frac{C_1}{R_{L1} - R_f} + \frac{C_2}{R_{L2} - R_f} \right) \right]$$
$$+ R_s \alpha_2 + (1 - \alpha_2) R_D^2 + (R_{LB} - R_s)[\alpha_2(1 - r) + r] = 0 \qquad (\text{附 B} - 16)$$

于是，得到了附 B-15 和附 B-16 关于 RL_1 和 RL_2 的二元非线性方程组。解出 RL_1 和 RL_2 后，根据附 B-4、附 B-5、附 B-11、附 B-12 式及银行间市场出清条件可以解出 L_1、L_2、LB_1、LB_2 和 CB，

$$L_1 = \frac{\eta C_1}{R_{L1} - R_f} \qquad (\text{附 B} - 17)$$

$$L_2 = \frac{\eta C_2}{R_{L2} - R_f} \qquad (\text{附 B} - 18)$$

$$LB_1 = (1 - r - \bar{\theta}) FX_1 - r L_1 + \alpha_2(1 - r)(FX_2 + L_2) + CB \qquad (\text{附 B} - 19)$$

$$LB_2 = [\alpha_2 + r(1 - \alpha_2)] L_2 - [1 - \bar{\theta} - \alpha_2 - r(1 - \alpha_2)] FX_2 \qquad (\text{附 B} - 20)$$

$$LB_1 + CB = LB_2 \qquad (\text{附 B} - 21)$$

（二）外汇流入对两类银行风险偏好影响的分析

将附 B-15、附 B-16 两式的两边同时对 FX_1 求偏导，可以得到：

$$2(R_{L1} - R_f) \frac{\partial R_{L1}}{\partial FX_1} = r \phi_1 \exp(- LQ) \frac{\partial LQ}{\partial FX_1} \qquad (\text{附 B} - 22)$$

$$2(R_{L2} - R_f) \frac{\partial R_{L2}}{\partial FX_1} = r \phi_2 \exp(- LQ) \frac{\partial LQ}{\partial FX_1} \qquad (\text{附 B} - 23)$$

为简化计算，将 $R_{L1} - R_f = \eta\beta_1$ 代入附 B-22，得到：

$$2\,\eta^2\,\beta_1\,\frac{\partial\beta_1}{\partial FX_1} = r\,\phi_1\exp(-LQ)\left[1 - \bar{\theta} - r\left(-\frac{C_1}{\beta_1^2}\frac{\partial\beta_1}{\partial FX_1} - \frac{C_2}{\beta_2^2}\frac{\partial\beta_2}{\partial FX_1}\right)\right]$$

（附 B-24）

附 B-22、附 B-23 两式相除则得到：

$$\frac{\partial\beta_2}{\partial FX_1} = \frac{\beta_1}{\beta_2}\frac{\phi_2}{\phi_1}\frac{\partial\beta_1}{\partial FX_1}$$

（附 B-25）

将附 B-25 代入附 B-24 得到：

$$\frac{\partial\beta_1}{\partial FX_1} = \frac{(1-\bar{\theta})r\,\phi_1\exp\left[-(1-\bar{\theta})(FX_1+FX_2) + r\left(\frac{C_1}{\beta_1}+\frac{C_2}{\beta_2}\right)\right]}{2\,\eta^2\,\beta_1 - r^2\,\phi_1\exp\left[-(1-\bar{\theta})(FX_1+FX_2) + r\left(\frac{C_1}{\beta_1}+\frac{C_2}{\beta_2}\right)\right]\left(\frac{C_1}{\beta_1^2}+\frac{\beta_1 C_2\,\phi_2}{\beta_2^3\,\phi_1}\right)}$$

（附 B-26）

同理，对附 B-15、附 B-16 两式的两边同时对 FX_2 求偏导，可以得到：

$$2(R_{L1} - R_f)\frac{\partial R_{L1}}{\partial FX_2} = r\,\phi_1\exp(-LQ)\frac{\partial LQ}{\partial FX_2}$$

（附 B-27）

$$2(R_{L2} - R_f)\frac{\partial R_{L2}}{\partial FX_2} = r\,\phi_2\exp(-LQ)\frac{\partial LQ}{\partial FX_2}$$

（附 B-28）

将 $R_{L1} - R_f = \eta\beta_1$ 代入附 B-28，得到：

$$2\,\eta^2\,\beta_2\,\frac{\partial\beta_2}{\partial FX_2} = r\,\phi_2\exp(-LQ)\left[1 - \bar{\theta} - r\left(-\frac{C_1}{\beta_1^2}\frac{\partial\beta_1}{\partial FX_2} - \frac{C_2}{\beta_2^2}\frac{\partial\beta_2}{\partial FX_2}\right)\right]$$

（附 B-29）

附 B-27、附 B-28 两式相除则得到：

$$\frac{(R_{L1} - R_f)\dfrac{\partial R_{L1}}{\partial FX_2}}{(R_{L2} - R_f)\dfrac{\partial R_{L2}}{\partial FX_2}} = \frac{\phi_1}{\phi_2}$$

（附 B-30）

将附 B-30 代入附 B-29 得到：

$$\frac{\partial \beta_2}{\partial FX_2} = \frac{(1 - \bar{\theta}) r \, \phi_2 \exp\left[-(1 - \bar{\theta})(FX_1 + FX_2) + r\left(\frac{C_1}{\beta_1} + \frac{C_2}{\beta_2}\right) \right]}{2 \, \eta^2 \beta_2 - r^2 \phi_2 \exp\left[-(1 - \bar{\theta})(FX_1 + FX_2) + r\left(\frac{C_1}{\beta_1} + \frac{C_2}{\beta_2}\right) \right]\left(\frac{\beta_2 \, C_1 \, \phi_1}{\beta_1^3 \, \phi_2} + \frac{C_2}{\beta_2^2} \right)}$$

$$（附 B - 31）$$

（三）流动性冲击对两类银行风险偏好影响的分析

附 B - 15、附 B - 16 等式两边同时对 $\bar{\theta}$ 求偏导，可以得到：

$$2(R_{L1} - R_f) \frac{\partial R_{L1}}{\partial \bar{\theta}} = r \, \phi_1 \exp(-LQ) \frac{\partial LQ}{\partial \bar{\theta}} \qquad （附 B - 32）$$

$$2(R_{L2} - R_f) \frac{\partial R_{L2}}{\partial \bar{\theta}} = r \, \phi_2 \exp(-LQ) \frac{\partial LQ}{\partial \bar{\theta}} \qquad （附 B - 33）$$

将 $R_{L1} - R_f = \eta \beta_1$ 代入附 B - 32，得到：

$$2 \, \eta^2 \beta_1 \frac{\partial \beta_1}{\partial \bar{\theta}} = r \, \phi_1 \exp(-LQ)\left[-(FX_1 + FX_2) - r\left(-\frac{C_1}{\beta_1^2}\frac{\partial \beta_1}{\partial \bar{\theta}} - \frac{C_2}{\beta_2^2}\frac{\partial \beta_2}{\partial \bar{\theta}} \right) \right]$$

$$（附 B - 34）$$

附 B - 32、附 B - 33 两式相除，整理后得到：

$$\frac{\partial \beta_2}{\partial \bar{\theta}} = \frac{\beta_1 \, \phi_2}{\beta_2 \, \phi_1} \frac{\partial \beta_1}{\partial \bar{\theta}} \qquad （附 B - 35）$$

将附 B - 35 代入附 B - 34 得到：

$$\frac{\partial \beta_1}{\partial \bar{\theta}} = \frac{-(FX_1 + FX_2) r \, \phi_1 \exp\left[-(1 - \bar{\theta})(FX_1 + FX_2) + r\left(\frac{C_1}{\beta_1} + \frac{C_2}{\beta_2}\right) \right]}{2 \, \eta^2 \beta_1 - r^2 \phi_1 \exp\left[-(1 - \bar{\theta})(FX_1 + FX_2) + r\left(\frac{C_1}{\beta_1} + \frac{C_2}{\beta_2}\right) \right]\left(\frac{C_1}{\beta_1^2} + \frac{\beta_1 C_2}{\beta_2^3}\frac{\phi_2}{\phi_1} \right)}$$

$$（附 B - 36）$$

使用类似的步骤，也可计算得到 $\frac{\partial \beta_2}{\partial \bar{\theta}}$ 的计算公式：

$$\frac{\partial \beta_2}{\partial \bar{\theta}} = \frac{-(FX_1 + FX_2) r \, \phi_1 \exp\left[-(1 - \bar{\theta})(FX_1 + FX_2) + r\left(\frac{C_1}{\beta_1} + \frac{C_2}{\beta_2}\right) \right]}{2 \, \eta^2 \beta_1 - r^2 \phi_2 \exp\left[-(1 - \bar{\theta})(FX_1 + FX_2) + r\left(\frac{C_1}{\beta_1} + \frac{C_2}{\beta_2}\right) \right]\left(\frac{\beta_2 \, C_1 \, \phi_1}{\beta_1^3 \, \phi_2} + \frac{C_2}{\beta_2^2} \right)}$$

$$（附 B - 37）$$

接下来，将 $\dfrac{\partial R_{L1}}{\partial FX_1}$ 和 $\dfrac{\partial R_{L2}}{\partial FX_2}$ 分别对 θ 求导，为了便于计算，首先对 $\dfrac{\partial R_{L1}}{\partial FX_1}$ 的分子分母同时乘以 $\exp(LQ)$，得到：

$$\frac{\partial R_{L1}}{\partial FX_1} = \eta\,\frac{\partial \beta_1}{\partial FX_1} = \frac{(1-\theta)\,\eta r\,\phi_1}{2\,\eta^2\,\beta_1\exp(LQ) - r^2\,\phi_1\left(\dfrac{C_1}{\beta_1^2} + \dfrac{\beta_1 C_2\,\phi_2}{\beta_2^3\,\phi_1}\right)}$$

（附 B - 38）

在此基础上计算 $\dfrac{\partial R_{L1}}{\partial FX_1 \partial \theta}$：

$$\frac{\partial R_{L1}}{\partial FX_1 \partial \theta} = \frac{-2\,\eta^3 r\,\phi_1\,\beta_1\exp(LQ)\left\{1 - (1-\bar\theta)\left[(FX_1 + FX_2) - r\left(\dfrac{C_1}{\beta_1^2} + \dfrac{C_2\,\beta_1\,\phi_2}{\beta_2^3\,\phi_1}\right)\dfrac{\partial\beta_1}{\partial\theta}\right]\right\}}{\left[2\,\eta^2\,\beta_1\exp(LQ) - r^2\,\phi_1\left(\dfrac{C_1}{\beta_1^2} + \dfrac{\beta_1 C_2}{\beta_2^3}\dfrac{\phi_2}{\phi_1}\right)\right]^2}$$

（附 B - 39）

采用类似的步骤计算 $\dfrac{\partial R_{L2}}{\partial FX_2 \partial \theta}$：

$$\frac{\partial R_{L2}}{\partial FX_2 \partial \theta} = \frac{-2\,\eta^3 r\,\phi_2\,\beta_2\exp(LQ)\left\{1 - (1-\theta)\left[(FX_1 + FX_2) - r\left(\dfrac{\beta_2\,C_1\,\phi_1}{\beta_1^3\,\phi_2} + \dfrac{C_2}{\beta_2^2}\right)\dfrac{\partial\beta_2}{\partial\theta}\right]\right\}}{\left[2\,\eta^2\,\beta_2\exp(LQ) - r^2\,\phi_2\left(\dfrac{\beta_2\,C_1\,\phi_1}{\beta_1^3\,\phi_2} + \dfrac{C_2}{\beta_2^2}\right)\right]^2}$$

（附 B - 40）

附录 C 微观理论模型参数校准方法

参考 Song and Hachem（2021）的模型设定，将 $t=0$ 到 $t=2$ 的区间设定为一个季度，在计算利率时，均按照年化利率为基准进行计算。无风险利率确定为 10 年期国债的到期收益率，转换为季度数据后为：$R_f = 1.0079$。银行间拆借利率为 3 个月 SHIBOR，转换为季度数据后为：$R_{LB} = 1.0082$。在模型中，为了简化计算，将超额存款准备金利率和法定存款准备金利率设定为相同，实际上，人民银行对二者的利率存在 22bp 的差异，但这种差异对结果没有显著影响，因此，数值模拟中仍忽略这种差异，认为 $R_s = 1.0018$[①]。存款利率取全体银行的平均存款利率，即 $R_D = 1.0044$。存款准备金率在模型中设定为相同，而近些年大型银行和中小银行的准备金率差异不大，为与模型一致，在数值模拟中先取二者平均值，即 $r = 13.5\%$。结售汇方面，2018 年全年，大型银行季度平均净结汇折合为 275 亿元人民币，中小银行为 37.9 亿元人民币。[②] 为了便于校准 ϕ，避免其数值过大，以 10 亿为单位，则 $FX_1 = 27.5$，$FX_2 = 3.79$，后续涉及金额的单位也与结售汇的单位保持一致。

α_2 无法直接被观察到，因此，采用中小银行与大型银行存款占存贷款的比重之差来近似替代，计算出 2018 年的 $\alpha_2 = 7.4\%$。资本承受能力由新

[①] 法定存款准备金利率和超额存款准备金利率也是一种货币政策工具，关于这种利率的作用，也是后续的研究中需要探讨的问题。本文限于篇幅并未涉及。

[②] 在数值模拟中不再区分资本项目和经常项目，因为在分析中都会体现在结售汇净额 FX 和冲击强度 $\bar{\theta}$ 的变化上。

增资本决定,从年报中分别获取大型银行和中小银行①的资本增加情况,考虑平均 1/3 的分红率,计算出 $C_1 = 44.0$,$C_2 = 15.9$。模型中,假设大小银行的 η 相同,在校准后大小银行的 η 的差距确实不大,因此,取大小银行 η 的平均值作为最终的参数值。根据公式 $\eta = (R_L - R_f)/\beta$,计算出的 $\eta = 0.0034$。公式中 R_L 为银行生息资产收益率,β 为风险加权资产占比。

冲击系数 $\bar{\theta}$ 的估算比较复杂。首先计算出 2018 年全年所有银行结售汇变化的均值和标准差。② 在此基础上,采用随机数生产函数模拟出极端情况下的冲击,并采用多次模拟的平均值。③ 通过上述过程计算出的 2018 年冲击 $\bar{\theta} = 0.7765$。在已知上述参数及 $RL_1 = 1.0094$ 和 $RL_2 = 1.0109$ 的情况下,可以得出参数 $\phi_1 = 798.2$ 和 $\phi_2 = 803.9$。

---

① 选择银行范围同实证研究中的主回归范围一致,即中国银行、中国工商银行、中国农业银行、中国建设银行、交通银行、中信银行、招商银行、华夏银行、浦发银行、民生银行。大小银行的选择标准也同实证部分保持一致。

② 在实际操作中,结售汇的波动并不完全就是流动性冲击。经验表明,结售汇对基础货币冲击的占比约为 20%,故在进行随机数模拟时,需要将标准差乘以 0.20。

③ 在校准时,认为银行需要能够承受 90% 情况下的冲击,以此为基础进行随机函数模拟。

附录 D   掉期点影响因素实证分析

有抛补的利率平价（CIRP）指出，根据套利均衡理论，国际金融市场上不同货币计价的资产收益率应该一致。因此，直接投资以本币计价的债券的收益，应该与将低息货币转化后投资外币计价的债券，再同时通过远期交易锁定未来转换汇率后兑换回本币的收益一致，即

$$\frac{(1 + r^B)S}{S^{foward}} = (1 + r_f^B) \qquad （附 D - 1）$$

其中，r^B、r_f^B 分别为本外币债券利率，S、S^{foward} 分别为即期汇率、远期汇率。因此，将其转换为掉期点（$S^{foward} - S$，即远期汇率相对于即期汇率的升贴水幅度）：

$$\frac{r^B - r_f^B}{1 + r_f^B} = \frac{S^{foward} - S}{S} \qquad （附 D - 2）$$

在外汇掉期交易实践中，掉期点除了受利差的影响之外，还受其他因素的影响，包括银行间市场流动性水平（决定银行融资难度）、外汇管理制度（影响交易的头寸）等。因此，为了验证这种关系，本文在回归方程中纳入利差、流动性和制度因素：利差采用实际交易中参考较多、市场流动性较好的 2 年期美国国债和 2 年期中国国开债之间的利差；流动性最理想的代理变量是银行间超额存款准备金水平，但央行并不按日公布这一数据，因此，采用市场交易量较大的 3 个月上海银行间同业拆借利率作为流动性水平的代理变量①；制度因素主要通过分析不同时间区间内子样本的

---

① 之所以不采用银行间市场存款类金融机构 7 天回购利率（DR007）主要是考虑该利率从 2014 年 12 月才开始公布，无法覆盖整个样本区间。

回归系数来比较，因此，在回归时将样本分为2015年"8·11"汇改之前和汇改之后。

$$swap = \beta_0 + \beta_1 \frac{r^B - r_f^B}{1 + r_f^B} + \beta_2 shibor + \varepsilon_t \qquad （附D-3）$$

为了减少极端数据对结果的影响，在数据处理上，对位于头部和尾部1%的数据进行了缩尾处理。在回归前，先对时间序列数据进行 ADF 平稳性检验，结果发现，所有变量在99%置信度一阶平稳，其检验结果如附表 D.1 所示。

附表 D.1　相关变量单位根检验结果

影响因素	Z 值		1% 阈值
	0 阶	1 阶	
3 个月掉期点（买价）	-4.418	-100.658	
3 个月掉期点（卖价）	-3.332	-63.085	
1 年掉期点（买价）	-0.463	-48.987	
1 年掉期点（卖价）	-1.307	-54.936	-3.430
Shibor	-0.938	-18.045	
中美利差	-2.043	-45.644	

在回归模型中，将相关变量变更为一阶差分，最终得到的回归结果如附表 D.2 所示。从回归结果来看，掉期点与中美债券利差和银行间拆借利率均呈正相关关系，且不同期限的掉期点结果均稳健。此外，"8·11"汇改对结果的方向没有影响，中美利差和 Shibor 系数的符号均稳定。但汇改后，结果的显著度有所提升，这也与汇改后人民币汇率形成机制更加市场化、外汇交易商的行为更加市场化有关，掉期点影响因素受到利差、流动性的影响会更为显著。[①] 但需注意，银行间同业拆借利率越高代表市场流动性越紧张，则市场流动性水平与掉期点应为负相关关系。因此，在一般均衡模型中，利差对保值成本影响的系数为正值，而流动性水平对保值成本影响的影响为负值。

---

① 笔者也做了引入汇改日期虚拟变量的全样本回归，结果表明，汇改虚拟变量的系数并不显著。限于篇幅不在附录中给出，感兴趣的读者可向作者索要相关结果。

附表 D. 2　掉期点影响因素回归结果

变量	"8·11" 汇改前				"8·11" 汇改后			
	3 个月掉期点买价	3 个月掉期点卖价	1 年掉期点买价	1 年掉期点卖价	3 个月掉期点买价	3 个月掉期点卖价	1 年掉期点买价	1 年掉期点卖价
Interest spread	0.925 **	0.167	1.145 **	1.334 **	0.380 **	0.887 *	0.899 **	1.167 **
	(2.15)	(0.47)	(2.49)	(2.57)	(2.29)	(1.65)	(2.30)	(2.51)
Shibor	0.688	0.739 *	0.573	1.07	0.53	0.47	2.185 **	2.690 **
	(0.39)	(1.83)	(0.92)	(1.48)	(1.09)	(0.57)	(2.04)	(2.08)
常数	−0.021	−0.316	1.49	11.72 ***	−0.586	2.989 *	−0.708	5.016 ***
	(−0.01)	(−0.27)	(0.79)	(5.73)	(−0.69)	(1.91)	(−0.43)	(2.80)
N	1 984	1 984	1 984	1 984	1 073	1 073	1 073	1 073
R^2	0.004	0.002	0.006	0.008	0.005	0.006	0.012	0.016

注：$* p < 0.10$，$** p < 0.05$，$*** p < 0.01$。

后　记

本书写作的灵感萌发于 2019 年下半年，彼时英国"脱欧"的余波未平，美国时任总统特朗普主导下的美国政府高举保护主义大旗，在全球以"极限施压"的方式四处出击，中美之间的贸易摩擦也愈演愈烈，"全球化"遭遇了前所未有的逆流。2020 年年初，新冠肺炎疫情全球大流行，则进一步深刻改变了世界经济格局。面临"百年未有之大变局"，我们的生活也发生了很大的变化，开始变得"线上化"：线上开会、线上办公、线上讨论、线上点餐……到本书完稿之时，新冠肺炎疫情已经持续了接近两年，我们似乎已经完全适应了被疫情影响的生活。在这期间，我也曾被隔离过一段时间，好在最终有惊无险。但随着全球抗疫形势越发复杂，我身边甚至还有被隔离两次、三次甚至更多次的朋友。我们很多的生活习惯也开始被深刻改变，疫情大流行已经成为了我们生活的一部分，我们必须学会应对疫情本身及其带来的新的生活方式。

疫情对个人生活尚且有如此巨大的影响，更遑论其对人类经济活动的影响。疫情之下，一些很少出现或者从未出现过的经济、金融现象也显现出来，包括负油价、芯片断供、全球性能源短缺、资本市场异常繁荣等。我们处在一个前所未有的时代，面对着前所未有的挑战，也需要拿出前所未有的勇气进行应对。笔者写本书的目的，正是希望能够抛砖引玉，给金融学者和政策制定者一些启发，从不同的视角出发，分析国际金融活动如何影响实体经济，以及未来我们应该使用什么样的政策工具来应对可能到来的外部冲击。

当然，受限于笔者本身的能力和视野，本书的很多观点也许不够深入，有的地方甚至可能存在谬误，但本书主要还是希望这种金融与经济结合起来分析问题的范式和方法论能够得到越来越多人的认可，同时，被更多的研究者和政策制定者采纳。当前在以新凯恩斯主义为主的主流宏观经济学范式中，金融对经济的影响往往是被忽略的，学术界对金融的影响还停留在比较传统的金融中介理论上，即金融中介可以自发地传导中央银行的货币政策。理论研究的不足导致了相应的实践操作的匮乏，进一步造成了监管当局手中工具箱的匮乏。在2008年国际金融危机爆发之初，伯南克、保尔森、盖特纳等力主通过"救市"稳住金融机构、防止发生金融收缩时，美国国会和舆论都提出了比较强烈的反对意见，他们拿出这一政策工具时面临极大的阻力。而事后证明，他们当时顶住压力果断作出的救市决策是正确的，防止了因为金融机构收缩导致的信贷收缩而产生的次生影响，阻止了危机的进一步蔓延。因此，金融和经济互为表里，实体经济是金融的根基，金融是实体经济的血脉，金融活经济活，金融稳经济稳。《孙子兵法》中提道："兵者，国之大事，死生之地，存亡之道，不可不察也。"而当今的金融问题同样应该被提到这样的高度，像东南亚金融危机、拉美债务危机、欧债危机这样的金融危机其实都是没有硝烟的战争。

本书成书之际，全国上下正在如火如荼学习党的十九届六中全会精神之时。作为金融从业者，我们要积极响应党中央的号召，做到以史为鉴、开创未来，埋头苦干、勇毅前行，为实现第二个百年奋斗目标，实现中华民族伟大复兴的中国梦贡献金融力量。也衷心希望本书能够为广大金融研究者和从业者们，提供一点可资借鉴的资料。

是为记。

刘孟儒

2021 年 11 月于北京